# 中国発・新型コロナウィルス感染 霊査

大川隆法
Ryuho Okawa

# まえがき

中国武漢《ぶかん》市を中心として、コロナウィルスが発生し、本日（二月十一日）の新聞朝刊によれば、感染者四万人以上、死者九百人を超えたとのことである。

本文中で紹介した数字を数日で大幅に更新したが、近年のＳＡＲＳ《サーズ》騒動のレベルは、すでに超えている。テレビ中継で見る武漢市内や、北京《ペキン》市内の人影も少なく、中国のみならず、日本までマスクが欠乏している。

不幸の予言は後味《あとあじ》が悪いので、私もしばらく沈黙していたが、幸福の科学なら当然見解を発表すべき時が来たと思うので、本書を緊急発刊することとした。まさしく読者の知らない世界がリーディング（霊査《れいさ》）されている。

今日が日本は建国記念日だ。「禍《わざわい》を転じて福となす。」ことを祈るばかりである。

二〇二〇年　二月十一日

幸福《こうふく》の科学《かがく》グループ創始者兼総裁《そうししゃけんそうさい》　大川隆法《おおかわりゅうほう》

中国発・新型コロナウィルス感染 霊査

目次

# 第一部　中国発・新型コロナウィルス感染 霊査《れいさ》

二〇二〇年二月七日　収録
幸福の科学 特別説法堂《せっぽうどう》にて

## 6 日本へのメッセージ　103

# 9

## 霊査を終えて
### ――ゴールデン・エイジは厳しさ、苦しみから始まる

## 第3章　文在寅《ムンジェイン》大統領守護霊《しゅごれい》、ヤイドロンの霊言《れいげん》

二〇二〇年二月五日　収録
幸福の科学　特別説法堂にて

「霊言現象《れいげん》」とは、あの世の霊存在等の言葉を語り下ろす現象のことをいう。これは高度な悟《さと》りを開いた者に特有のものであり、「霊媒現象《れいばい》」（トランス状態になって意識を失い、霊が一方的にしゃべる現象）とは異なる。外国人霊や宇宙人等の霊言の場合には、霊言現象を行う者の言語中枢《ちゅうすう》から、必要な言葉を選び出し、日本語で語ることも可能である。

なお、「霊言」は、あくまでも霊人《れいじん》の意見であり、幸福の科学グループとしての見解と矛盾《むじゅん》する内容を含《ふく》む場合がある点、付記しておきたい。

# 第一部　中国発・新型コロナウィルス感染 霊査《れいさ》

二〇二〇年二月七日　収録
幸福の科学 特別説法堂《せっぽうどう》にて

質問者

綾織次郎《あやおりじろう》（幸福の科学常務理事　兼《けん》総合誌編集局長　兼「ザ・リバティ」編集長
兼　HSU（ハッピー・サイエンス・ユニバーシティ）講師）

斎藤哲秀《さいとうてっしゅう》（幸福の科学編集系統括《とうかつ》担当専務理事　兼　HSU未来創造学部
芸能・クリエーターコースソフト開発担当顧問《こもん》）

藤井幹久《ふじいもとひさ》（幸福の科学理事　兼　宗務《しゅうむ》本部特命担当国際政治局長）

［質問順。役職は収録時点のもの］

# 1 新型コロナウィルス感染の概要《がいよう》

## 中国で発生した新型コロナウィルスの感染状況《じょうきょう》

大川隆法　ご存じかと思いますけれども、今、ニュースでは新型コロナウィルスについて毎日のように報道されています。中国で発生した新型コロナウィルスの感染から、肺炎《はいえん》、死亡という状況《じょうきょう》が始まっています。

幸福の科学も宗教にしては守備範囲《はんい》が広いので、こうした病気、あるいはその病原体といったところまでリサーチに入ろうとする珍《めずら》しい宗教です。

以前、SARS《サーズ》やMERS《マーズ》等が発生したときに、「ザ・リバティ」（幸福の科学出版刊）でも特集したこともある気がしますけれども、当会の立場としては、やはり、霊的《れいてき》な原因というか、神意・天意も関係があるのではないかという感じで述べることが多かったように思います。

今回のものを見てみると、二〇二〇年二月七日の午前中現在、中国本土での感染者は三万一千百六十一人、死者六百三十六人。中国以外での感染者は約三百人。死者は二人で、フィリピンと香港《ホンコン》において一人ずつです。

感染者の内訳は、日本八十六人、シンガポール二十八人、タイ二十五人、香港二十四人、韓国《かんこく》二十三人、台湾《たいわん》十六人、オーストラリア十五人等で、全体としては、中国本土を含《ふく》めた二十八の国と地域で約三万一千五百人が感染、約六百四十人が死亡ということですが、もちろん、上がってくる数字は遅《おそ》いため、実際はもう少し広がっている可能性はあるかと思います。

圧倒《あっとう》的に中国本土が多く、致死率《ちしりつ》も高くなっています。それ以外のところでは、はっきり言えば、風邪《かぜ》程度と変わらないような現象なのではないかと思います。日本では感染が認められて入院した人でも、治って退院していることもあるようですし、中国の外部での致死率はかなり低そうな感じはしています。

## 発生の経緯《けいい》とその影響《えいきょう》

大川隆法　これまでの経緯《けいい》を見てみると、二〇一九年十二月八日に原因不明の肺炎が初めて確認されたとはいうものの、この十二月八日というのは、何か少し変な日だなとは思っています。二〇二〇年一月一日、発生源と思われる海鮮市場《かいせんしじょう》が休業。一月二十日に習近平《しゅうきんぺい》国家主席が対策を指示。二十三日に武漢《ぶかん》の空港や駅が閉鎖《へいさ》。二十七日には、中国から海外への団体旅行が事実上禁止され、各国の観光業を中心に影響《えいきょう》が出ているということです。

武漢市のほうが発表できなかった理由は、やはり、「上の許可が出ないと発表できなかったため」ということで、中国の制度上の問題のようです。「都合《つごう》の悪いことは、上の許可がないと発表できないために遅《おく》れた」というように言われていて、内輪《うちわ》で責めているところです。

コロナウィルスというのは五十種類以上あるそうなのですが、人に感染するものは六種類で、そのうちの二種類は重症《じゅうしょう》の肺炎を引き起こすとして、過去、SARSやMERS等で問題になりました。

今、日本はチャーター便を中国に四便ぐらいまで送り、現地の日本人を引き取ったりもしていますが、横浜沖《よこはまおき》に停泊《ていはく》している豪華《ごうか》客船などは、乗客を上陸させていないために、なかでの感染も広がってきているようです。

これで中国の旅行業等への損失は約十六兆円規模と推計されています。また、今年、中国の一月から三月までのGDP成長率は五パーセントを割り込《こ》むと見られています。日本については、インバウンドの消費が落ち込み、GDPは〇・二パーセント押《お》し下げられると推定されています。また、韓国国内では全工場が稼働《かどう》停止に追い込まれているところもあるというように書かれています。

## 考えられるさまざまな原因

大川隆法　客観的に見ると、去年の夏ごろからの香港デモでは、百万人デモ、二百万人デモ等、激しい内戦的な状況がずっと続いていたので、〝想念的〟には何かが起きてもおかしくないかなというものはそうとう起きていました。また、この一月には台湾の総統選があり、蔡英文《さいえいぶん》さんが勝ったので、何もなければ、北京《ペキン》政府のほうは、香港および台湾に対して一月ごろから威嚇《いかく》をかけるところではなかったかと思います。

そういうときに、こうしたものがカウンター的に発生して、中国国内問題で大わらわになり、逆に、北京に侵入《しんにゅう》されないように、北京に「万里《ばんり》の長城《ちょうじょう》でも築きたい」ぐらいの気分なのではないでしょうか。

この理由について、今日は探究しようと思いますが、どこまで明らかになるかは分かりません。ただ、ウィルスがあることは事実であり、何らかのウィルスが発生して広がったことは間違《まちが》いないでしょう。

一つは、中国国内では、この武漢あたりに細菌《さいきん》兵器の研究所があると言われているので、このあたりから何か持ち出されたか、何か漏《も》れたか、事故があったかというようなこともありえるのですが、おそらく、こういうことが発表されることはないでしょう。

それ以外に、細菌兵器を持っているところとしては、北朝鮮などはそうですので、北朝鮮に利益があるかどうかはちょっと分かりませんけれども、「どの程度の威力があるか試《ため》したい」などという気持ちを起こしたら、そういうことがないとは言えません。国内ではできないので、「中国あたりへ行ってウィルスを仕掛《しか》けてみたらどうなるか、ちょっと確認してみたい」と、そういうことがないとは言えません。

あるいは、もう一つには、一月の初めに、トランプ氏の大統領としての弾劾罷免《だんがいひめん》裁判が始まりましたので、イラクでは、一月上旬《じょうじゅん》、ソレイマニ司令官をドローンから空中攻撃《こうげき》して殺害するということが起き、だいぶ目を引きました。おそらくは、弾劾から目をそらし、大統領の求心力を高めようとしているだろうなと思う一方で、中国のほうは十二月ぐらいで貿易・関税戦争が棚上《たなあ》げになっていて、こちらのほうはいいのだろうかとは思っていたのです。

こちらでもコロナウィルスの感染が流行《はや》っているのを見ると、アメリカも細菌兵器を持っていることは持っているので、それほど大きな規模の戦争をする必要はないわけです。トランクのなかに必要なウィルスをパックしたものを持っていき、一人か二人で仕掛けて帰ってくれれば、それは広がっていくと思われます。ＣＩＡあたりがやろうと思えば、あるいは軍部のほうでもやろうと思えば、できないことはありません。

「イランのほうではドローン攻撃をしたけれども、中国のほうでは細菌兵器をちょっと試してみた」というようなことはありえるかもしれません。香港や台湾については、まともにいくと、通常兵器での戦いが始まったら大変なことになるのは分かっていました。そこで、そういうパニックを起こそうと考えるぐらいの頭は持っているだろうとは思うので、そういう可能性もないとは言えません。

結果的に見ると、世界地図のなかでは中国包囲網《ほういもう》が完成され、香港も台湾も「ノー・モア・中国」という感じになっており、旅行できないようになっているのではないでしょうか。

ＷＨＯでは「台湾は中国の一部」ということになっているので、台湾人の入国も禁止する外国が出てきたりすると、台湾のほうは、「うちは中国ではない！」と、ものすごく怒《おこ》ったりもしています。また、香港のほうでは境界を閉鎖してはいるのだけれども、医療《いりょう》関係者がストライキを起こして手伝わないということで、事実上、これは香港独立運動が起こせそうな環境《かんきょう》があるようにも見えます。

ただ、おそらく、習近平氏の意図とは違っているだろうし、日本の首相なども、おそらく、「昨年の秋に十パーセントに消費税を上げて、いったん落ち込む消費を、今年の旧正月あたりから海外旅行客が来ることで景気をアップさせ、さらにオリンピックにつなげて景気回復、という感じでよくなってきたところで解散」といったことを考えていたのではないかと思いますので、そういうシナリオは崩《くず》れたように は見えます。

あるいは、ただ偶然《ぐうぜん》に、自然科学者が考えるように自然に発生しただけなのかもしれませんが、こういうものが発生しなければ、たいていの場合、地震《じしん》や津波《つなみ》等、何かほかのものが起きたのではないかと、私は思っています。

## 中国発・新型コロナウィルス感染にかかわりのある者を霊査《れいさ》する

大川隆法　そのようなわけで、どこまで明かせるかは分かりませんが、この新型コロナウィルスの発生、感染、広がりに関係がある者を霊査《れいさ》して突《つ》き止めたいと思います。

どこまで公表できるかは分かりません。もしかしたら、公表できない部分もあるかもしれません。

昨日《きのう》までは〝止められていた〟のですが、昨日の夕方に許可が出て、「そろそろいいころかな」というようなことを言われたので、いちおう、今日やってみます。

ただ、本当の〝仕掛け人〟が出るかどうかは分かりません。他の者が出てくるかもしれませんが、何らかの意味での説明はありえるのではないかと思っています。

それでは、中国発・新型コロナウィルス感染のリーディング、霊査を始めたいと思います。

（息を深く吸って吐《は》く）中国の新型コロナウィルス感染が始まるに当たり、中心的な役割を果たしたる者がありましたら、その旨《むね》、幸福の科学にてお教えいただきたいと思います。

中国の新型コロナウィルス感染症の広がりに関して、何らかの意図があった者、目的のあった者、効果を狙《ねら》った者、考えがあった者、あるいは、神意・天意、その他、霊的な原因、コロナウィルスの広がりに何らかの中心的な役割を果たした者がありましたら、幸福の科学に降りてきて、その本心なり意図なり、お話ししてくださればば幸いかと思います。

（約二十秒間の沈黙《ちんもく》）

## 2　新型コロナウィルス発生の背景

### 新型コロナウィルス感染の責任者の一人

霊人　うん……。

綾織　こんにちは。

霊人　(息を深く吸う) うん……。

綾織　新型コロナウィルスによって、世界中がある種のパニックに陥《おちい》っております。ただ、やはり、人類として、これに対応し、対処していかなければいけないということで、その点について、今日はさまざまにご意見、お考えをお伺《うかが》いできればと思っております。

霊人　そうですか。私のほうは、「ザ・リバティ」の締《し》め切りがあるので、そろそろ出なければいけないのかなと思って。

綾織　いえいえ。もう少し余裕《よゆう》はありますので（笑）。

霊人　ああ、そうですか。

綾織　はい、大丈夫《だいじょうぶ》でございます（笑）。お気遣《きづか》いありがとうございます。

霊人　そろそろかなと思ったんですけど。あんまり早くやりますと、ニュース価値もないし。

綾織　あっ、はい。ありがとうございます。

確認ではあるのですけれども、今回の新型コロナウィルスについて、中心的にかかわっていらっしゃる方というように理解させていただいてよろしいでしょうか。

霊人　うん。まあ、いちおう、責任者の一人です。

綾織　責任者でいらっしゃるわけですね。

霊人　うん。

## なぜ、このタイミングで広がったのか

綾織　今回のウィルスについては、非常に感染力が高いということと、あとは、やはり、中国の本土のなかで猛威《もうい》を振《ふ》るっているというところがありまして、このへんに、何かすごく狙《ねら》いがあるのではないかと感じるところがあります。

そうした意図の部分、「どういうお考えで、この時期に、中国でこれだけの感染を引き起こすことになったのか」ということをお教えいただければと思います。

霊人　うーん……。まあ、このタイミングでなければ、もっと大きな被害《ひがい》が始まるときであったんでねえ。だから、内政問題に集中させようという気持ちがあったということは事実ですねえ。

綾織　中国の外側に対するもっと大きな被害が考えられたということになりますで

しょうか。

霊人　そうですねえ。攻撃《こうげき》がね。

綾織　攻撃？

霊人　香港《ホンコン》の〝ウイグル化〟とか、台湾《たいわん》の〝ウイグル化〟とか〝チベット化〟が考えられたときですねえ。

綾織　ああ、なるほど。それは、もう具体的に、準備行動としては……。

霊人　ああ、攻撃プランはもう立てていたはず。今年ね、立てていたと思います。強硬策《きょうこう》を考えていたはずです。

綾織　なるほど。香港についていては、デモが昨年から半年以上続いていて、台湾については、一月に蔡英文《さいえいぶん》さんが再選を決めたという、このタイミングですか。

霊人　私たちも、非常に深い意味を兼《か》ねてやっていることもあるので。香港でね、「マスク防止条例」とかつくられてね、マスクをつけてはいけないなんていうのがあって、それを「撤回《てっかい》せよ！」とかやっておりましたが、今、マスクが足りなくて、中国全土でねえ、マスク切れで大騒動《おおそうどう》しているという。

これ、〝ある種の教え〟が入っていることは知ってもらいたいかなあと。だから、「いかに非人道的なことを押《お》しつけているか」ということは知ってもらいたいなあと。今、マスクが欲《ほ》しくて欲しくて、みんなしかたがない状況《じょうきょう》ではありますわね（笑）。

綾織　確認なんですけれども、報道によれば、武漢《ぶかん》市の生物安全実験室であるとか生物製品研究所など、こういう研究所が幾《いく》つかあり、そこから漏《も》れている可能性もあるということでした。これについてはどうお考えでしょうか。ここもかかわっているものなのでしょうか。

霊人　……まあ、こういうコロナウィルスのようなものが流行《はや》って、全土にあっという間に広がって、大勢の人が死ぬというふうなことがありますと、「今後、生物兵器を使うっていうことが、どれほど非人道的なことか」ということを、彼らに悟《さと》らせることはできます。

国内で使わずに、国外で、あるいは外部の反対勢力に対して使うことがある。核《かく》兵器とかはすぐに分かってしまいますから、使いにくいですけど、生物兵器等でしたら証拠《しょうこ》が残らないので、そういう研究はかなり進めているはずだし。最後は、ウイグルだとか、ああいうふうな反対運動を起こしているようなところは、生物兵器で、こういうかたちで病気で死なせるという方法があります。これも研究していたはずです。

だから、「どういうふうになるか」ということを、その指導部に知ってもらう必要があるということですね。

## 新型コロナウィルスに変異をもたらしたものとは

斎藤　先ほど、大川隆法総裁先生の解説では、コロナウィルスは約五十種類ほど存在し、そのなかの何種類かは人に影響《えいきょう》があるようです。

幸福の科学の信者さんのなかにも医師がたくさんおりますが、彼らの報告によりますと、「普通《ふつう》、コロナウィルスはそれほど悪質なものではなく、本当に特殊《とくしゅ》なもののだけが進化する」ということでした。

しかし、今回、非常に変異を起こし、致死《ちし》性が高いものが発生してきたということは、やはり、今、人為《じんい》的な影響や、または、何か霊的《れいてき》な作用というものが強く働いたということですか。

霊人　これは、地上の人間レベルで言うならば、「殺したい」という、そういう想念ですよね。「敵を殺したい」っていうような想念がそうとう渦巻《うずま》いておりましたから、そういうものが雲のようになって地上を覆《おお》うと、こういう細菌《さいきん》レベルでもですね、まあ、インフルエンザのときなんかでも起こりうるんですけれども、非常に「殺人性」を強めることがあって、悪性になってくるんですねえ。人を死なせるところまで陥らせる、そういう「憎《にく》しみの波動《はどう》」みたいなものが、ウィルスを悪性化する。要するに、「悪霊化《あくれいか》」「悪霊化《あくりょうか》」する力はあるんですよねえ。

十分に充満《じゅうまん》していましたので、何かの爆発《ばくはつ》を、もうすぐ迎《むか》えるところまで来てたと思います。

斎藤　つまり、中国国内で「殺したい」というような想念が満ちていたために……。

霊人　そうですねえ。大量殺戮《さつりく》の、そういう想念ですねえ。

綾織　これは、主には共産党側の……。

霊人　だから、「共産党ウィルス」です。これは、はっきり。

斎藤　共産党ウィルス？

霊人　うん。

綾織　共産党の指導者側の「殺したい」「弾圧《だんあつ》したい」「踏《ふ》み潰《つぶ》したい」といった想念が、強くなって広がっていた。

霊人　そうです。で、こういうものが起きなくても、結局は、あとは、生物兵器でなければ化学兵器っていうのも、もう一つありますが。中東で使われていますけどねえ。これなんかは証拠が残りにくいけれども、大勢の人が死んでいって、非常にかわいそうな結果になっていますわね。

だから、まあ、トランプさんなんかは、通常は短距離《たんきょり》ミサイルを撃《う》ち込《こ》んで、はっきりと分かるようなことをすることが多いんですけど、分からないようにするタイプの人も多いので、生物兵器、化学兵器等から攻《せ》めてくるっていうやり方はあるし。

この兵器の使い方は、北朝鮮《きたちょうせん》も研究しているところであったんで。いきなり核兵器等を使うと、反撃がすごく早くなるので、こういうもので混乱を起こして揺《ゆ》さぶるっていうのを考えていたんですねえ。

中国・武漢《ぶかん》で発生したのはなぜか

綾織　一般《いっぱん》的には、「生鮮市場《せいせんいちば》で発生した」とかいう話もあるんですけれども、実際のところは……。

霊人　いや、うん、全然、そんな関係ないです。

綾織　関係ない？

霊人　ああ、それは嘘《うそ》です。

綾織　ほう。

霊人　まあ、この世的に理由をつけるためにそう言ってるだけで、全然関係がない。

綾織　その出発点というのを、私たちはどう理解すればよいのでしょうか。アメリカ、北朝鮮、中国の生物兵器の研究などのうち、どれというのはありますでしょうか。

霊人　まあ、先ほど説明もありましたが、よく考えてみたらいいんで。世界情勢のなかで起きている事態をよく考えてみたら分かりますけど。これ、そうとう知能が高くないとできない作戦なんですけれども。

斎藤　武漢《ぶかん》には、先ほど紹介《しょうかい》がありましたように、バイオセーフティレベル4《フォー》とされる、世界でもトップクラスの……。

霊人　そうです。

斎藤　ええ。中国科学院の武漢病毒研究所という、生物兵器にもかかわるものがございます。

霊人　はい。

斎藤　そこの土地で発生しているということからすると、何か……。

霊人　ここが中心で、ほとんど入院して、ベッドが足りないほどの病院っていうことは、原因はあるということですよね。ええ。

斎藤　中国のなかでの原因があるのかと。

霊人　うーん。なかに「原因」があって、それを、「多少、卵の殻《から》を割るように、中身を外に出すという力」が少し働いたかもしれませんねえ。

斎藤　なるほど。自《みずか》ら生物兵器をつくっていたのですけれども、そこを、何か合気道の技《わざ》をかけるように違《ちが》う意図が入って、中国が予期せぬ結果になってしまったと。

霊人　うーん、まあ、彼らの衛生概念《がいねん》は非常に甘《あま》いものがございますのでねえ。そのへんも考えた上で、要するに、〝人を殺す研究〟ばかりしているが、〝それを防ぐ研究〟が足りてない。彼らにはね、足りてませんのでねえ。そういうものが垂れ流しになったらどうなるかっていうところを……、まあ、これでも被害の少ないところを選んでやっているんですけどね。

綾織　少ないところ？

霊人　うん。もっと大きいものも持っていますから。

綾織　あっ、なるほど。

霊人　生物兵器で、もっと悪いやつを持ってますから。

綾織　なるほど。

霊人　研究中です。もっともっと悪質なやつ、まあ、「致死率の高いもの」ですねえ。

## 高齢者《こうれいしゃ》など、体の弱い人ばかりが亡《な》くなっている理由

霊人　これ（新型コロナウィルス）なんかは、いちおう、感染して、まあ、体力があれば治癒《ちゆ》するレベルのものですが。老人と障害者等の体が弱い者から死ぬものですけど、これ、「戦争用」だけに開発されているわけではありませんでして、もう一つは、「中国の高齢《こうれい》化対策用」につくられているんですよ。

だから、年を取った人たちに年金を払《はら》えなくなりますので、一定以上に年を取った人たちに死んでもらう必要があります。死んでもらうためには、病気になるのがいちばん安全な死に方で。ナチスのガス室と同じ発想ですねえ。こういうもので肺《はい》炎《えん》にかかって、八十歳《さい》以上の人が死んでいくと、ごく自然なかたちになりますわねえ。

斎藤　今回の発病のなかのデータによりますと、確かに、老人や病気を持っている

人など、弱い人に非常に発生しておりまして。

霊人　そうでしょう。そうなんです。

斎藤　赤ちゃんや幼児にはあまり発症《はっしょう》せず、仮に発症したとしても、弱いレベルで収まっているというような報告はございます。

霊人　中国には、外国と戦う場合の生物、細菌兵器も開発されていますが、今言ったように、高齢化問題を……、要するに、親二人で子供一人政策ですからねえ。日本と同じで、高齢化したら年金がもたないのは一緒《いっしょ》です。

で、引退の時期は、男性六十ぐらい、女性は五十ぐらいで、女性で管理職になれば五十五ぐらいまで。そのあと引退で、年金を払わなきゃいけないので、早く死んでもらう必要はあるんですよ。

こういう全体主義の国家においては、やっぱり、こういうふうな病気が流行《はや》ることでみんな死んでいくと、実に都合《つごう》がよくて、まとめて穴を掘《ほ》って埋《う》めて焼けば、それがいちばん簡単なんですよねえ。鳥と一緒なんで、扱《あつか》いは。

斎藤　「人口を間引《まび》く」という意図があるということですか。この病気の背景には。

霊人　そうそうそう。ある。これも研究のうちに入ってる。

斎藤　攻撃だけではなく。

霊人　うんうん。「攻撃」にも使えるけど、「内部用」にも使う予定があるし、あとは、ウイグルその他、うるさい、暴《あば》れてる南モンゴルとか、あるいは香港にも、場合によっては〝こういうものを使う手〟もあって。本物のミサイルとか爆撃機とかやると、外国からの非難がすごいですけれども、もし、工作員が入って、こういうものを広げて……、〝逆〟もありえたわけです。

香港でこういうウィルスが流行って、感染が広がって、中国の国境を閉鎖《へいさ》して、という感じにしてですねえ、香港が「助けてくれ」という感じになったときに、中国のほうが「助けてやる」というかたちで入ってきて、押さえてしまうみたいなやり方もありえたんで。手順が〝逆〟だったらね。

## 3　ウィルス一つで国際政治が動く

### AIを超《こ》えるツールで地球全体の動きを見て、介入《かいにゅう》を決めた

綾織　もともと中国共産党側の意図があり、それを少し利用するというか、何か仕《し》掛《か》けをして、今回のような感染の拡大になったということになるのでしょうか。

霊人　そのツールは、明確には明かしにくいものはありますけれども、私たちからは、もはや、地球のすべては、グーグルマップ以上に、どこに何があるかまで全部つかんでいるので。

綾織　そうですか。

霊人　ええ。そのへんの計算は、ＡＩを超《こ》えているものがありますので。

斎藤　そうすると、仏教的には何か「悪因悪果《あくいんあくが》」的にも感じるところもありまして。

霊人　ええ。

斎藤　今、中国政府は、「人を殺したい」という想念で生物兵器を研究し、または国内人口を減らすための力を持つということを想定していたところだったのに、思いがけず、自分に返ってきてしまった。老人たちの数を〝縮小〟しようと思っていたのにもかかわらず、その機会が、自分の意志ではなく誰《だれ》かの意志によって〝技《わざ》〟をかけられて、その〝怖《こわ》さ〟に気づかされたというようなことも感じられる気もします。

霊人　そういうことですね。だから、彼らは事故があっても隠蔽《いんぺい》しますから。それは発表することはありませんから。自主的な事故なら、武漢《ぶかん》市だって北京《ペキン》に対して隠蔽します。が、その事故が偶然《ぐうぜん》に起きたかどうかは分かりませんわねえ。まあ、そういうことはあるということですよね。

綾織　先ほど、「地球のどこに何があるかが分かります」とおっしゃいましたが、ということは、かなり上空から、宇宙的なところから、ご覧になっている……。

霊人　まあ、そういうことにもなりますね。ええ。
ただ、介入《かいにゅう》するのは、ごく稀《まれ》なときにしか介入はしないんですけれどもね。「必要があれば、介入することがあった」ということで。
香港《ホンコン》の人は、マスクをすると、ほんとにお金持ちだということがよく分かるでしょうね、これからね。ほんとに。マスクが高くなってますからね（笑）。

綾織　高くなっています。

霊人　いや、何かしなきゃいけないでしょう。だから、日本政府みたいに、何もしないでいるとか、ヨーロッパのほうも、ほとんど何もできていなかったし、イギリスもできていなかったし。アメリカは、関税だけで揺《ゆ》さぶってはいたけど、香港問題に対して、まあ、多少は動きましたけれども、〝ブラフ的〟なものが大きくて。それで、イランのほうに介入しましたが、「こちらのほうを、どうするんだ」っていう問題はありましたので。

綾織　なるほど。

そういう全体の動きを見られて、やはり、「今、動くしかない」という決断をされたわけですね。

霊人　少なくとも、習近平《しゅうきんぺい》氏の首は、今ちょっと、半分ぐらい鋸《のこぎり》がかかっていますよ。

## 中国の「命を軽《かろ》んずる傾向《けいこう》」を公開する必要がある

斎藤　ただ、一月二十八日に、習近平氏は、北京を訪問した世界保健機関、WHOの事務局長に対して、「この流行は悪魔《あくま》であり、われわれは、この悪魔を見逃《みのが》すわけにはいかない」と述べました。

霊人　そうです。「共産党ウィルス」は悪魔です。

斎藤　（笑）習氏は「悪魔なんだ」と、「現在、中国の人々は、新型コロナウィルス感染症《かんせんしょう》の流行との深刻な闘争《とうそう》の渦中《かちゅう》にあり、これは悪魔なので、見逃すわけにはいかない」と、のうのうと語っておりますけれども、これは、善悪から見た場合、やはり……。

霊人　コロナウィルスが北京市内に蔓延《まんえん》したら、彼らにとっては、ほんとの悪魔になるでしょうね。

そして、北京が何もすることができなくても、不満を爆発《ばくはつ》するでしょうね。そうとう不満は溜《た》まっていますから、今。

斎藤　武漢市一千百万人が、今、完全に封鎖《ふうさ》されております。

霊人　いや、五百万人逃《に》げ出していますから、とっくに。

だから、ほんとは、この感染は全土に広がっていますね。潜伏《せんぷく》して、見つからないように、みんな逃げ回っている状況《じょうきょう》なんで、感染者はもっと数は多いですね。

斎藤　医師の報告によりますと、通常、発熱が早く起こったりするのですが、新型コロナウィルスの場合は、潜伏期間が長く、「感染したかどうか分かりにくい」「医学的検査によって引っ掛かりにくい」「時間がかかる」ということがあります。そのため、症状が出るまでの間に感染が広がります。これについては、発症までの間を延ばしている理由が何かあるのでしょうか。

霊人　もう一つね、中国自体が、人命を軽視して、そういう「医療《いりょう》機関等で救う」っていう気持ちが、どっちかといったら少ないんですよね。衛生観念から、そういう、命を救うことに対する軽視はそうとうあって。人口の多い分だけ、命を軽《かろ》んずる傾向《けいこう》は、そうとうあります。

その状態も、これは、公開する必要はあるんで。「どれほど、その対策が取れていないか」ということを、これは、教える必要はあったと見ています。

「コロナウィルス一つで国際政治が動いてくることがある」

綾織　共産党の政治の進め方自体が、基本的に、「情報統制」……。

霊人　うん。情報統制。そうです。

綾織　「情報隠蔽によって進めていく。そして、強権的に命令を出す」というやり方ですけれども、今回は、これがすべて裏目に出ました。

十二月の初めに感染例が出たわけですけれども、その後、お医者さんが、それをネットで発信したら、「デマを広げた」ということで、処分を受けています。

霊人　うん、うん、うん。そう、そう。

綾織　結局、一カ月半ぐらいたって、ようやく認めたのですけれども、そのときは、もう、感染が広がりすぎていた、と。

霊人　うん。しかも、面白《おもしろ》いことにねえ、今回の事態で、北朝鮮《きたちょうせん》は、貿易国がほとんど中国ですのに、中国から入ってくるのをすごく嫌《いや》がってるから、もうほんとに、存亡の危機ですけれども。

韓国《かんこく》のほうも、中国を頼《たよ》りにして、日本攻撃《こうげき》をして、南北統一して、今後の国際政治を、そちらのほうに持っていこうとしていたところを、これが、足元が崩《くず》れましたので。

先日、たぶん、韓国の大統領が、短い時間ですが、来たことがあると……、守護《しゅご》霊《れい》が来ていると思いますけれども、今、悲鳴を上げているはずです（本書第二部

第3章参照)。全工場が動かない状態……、中国が止まったら。だから、天秤《てんびん》にかけてやっているところですので。「今、日本と仲良くしなければ、もたないんじゃないか」っていう勢力もかなり強くなってきているので、政権が揺さぶられる状態になって。まあ、こんな、コロナウィルス一つで国際政治が動いてくることはあるんですね。

## 新型コロナウィルスの流行は「最初のシグナル」

綾織　この三カ国が、まさに足元から揺らいでいるということですけれども。

霊人　ええ。日本も揺らいでいますよ。

綾織　あっ。

霊人　日本も、次は、景気が失速した場合、日本も揺らぎます。

　これは、すでにもう、去年十二月に、大川総裁が、中国発の不況が起きて、日本に影響《えいきょう》が及《およ》ぶことを言っていますので。まだ、これは全部じゃなくて、まだ走りなんですけど。これが〝最初の走り〟なんですが。

綾織　走り。

霊人　まずは、「不況が来るかもしれない」っていう予告のために、これは起きている。まだ次がありますから。

　これで、日本企業《きぎょう》で撤退《てったい》するところも、かなり今、出てきているし、日本人も、そうとう引き揚《あ》げが出ていますが。

新しき
繁栄の時代へ
地球にゴールデン・エイジを
実現せよ
大川隆法
文明の激突を
乗り越えるために、
日本は力強い
国家となれ!

●去年十二月に……　2019年12月17日に行われた法話「新しき繁栄の時代へ」で言及された。『新しき繁栄の時代へ』（幸福の科学出版刊）参照。

それから、中国の観光客のインバウンドによる国内景気の向上ですか？　こういうのを全部、見込《みこ》んだ上で考えてやっていたことが、こういうものを、要するに、頼りにしないで、国内経済が成り立つように構造をシフトせよという意味合いが、これは入っていますので。

このコロナウィルスが流行《はや》っているうちは、日本の工場？　中国工場進出等は「撤退、撤退」になっていって、まあ、ほんとは、日本の過疎《かそ》になってきている地方のほうに、工場は持っていかなければいけない。

今、時期的にはそうなんですが、今の政権は、それを考えていないので。ええ。まあ、ちょっと、これは「最初のシグナル」として送っているもので、まだ第二弾《だん》、第三弾がありますす。

## 4　新型コロナウィルスの〝ワクチン〟はあるのか

### 新型コロナウィルスを撃退《げきたい》する免疫《めんえき》とは

綾織　第二弾《だん》、第三弾というのは、また別の何かショッキングなものが起こるのでしょうか。

霊人　別のものです。

綾織　あっ、そうですか。

霊人　これが広がっているうちは、これが、しばらくやりますが、第二弾、第三弾がまだ来ます。

綾織　それは、病気なのか、もうちょっと、こう、地面が揺《ゆ》れたりすることなのか。いろいろなものが、可能性としてはあるのですか。

霊人　あなたがたが、自分たちで、『旧約聖書《きゅうやくせいしょ》』を書いてもいいんだったら、もう、神の祟《たた》りが、いっぱい、次々と襲《おそ》いかかるように書けると思います。

綾織　ああ。まさに、「ソドムとゴモラ」のような状態……。

斎藤　例えば、SARS《サーズ》のときのように、終息《しゅうそく》宣言が一回出て、その次に来るのか。あるいは、連発で、連打して、乱れ打ちのように来るのか。どのような未来予測なのでしょうか。

霊人　とにかく、世界が、今の中国のやり方を嫌《きら》いになるようにはするし、日本のほうも、うーん、嫌いな人のほうが、まあ、八十パーセントぐらいはいるんですけれども。好きな人は十何パーでしか……。ただ、「経済的利益があるから」ということで、侵食《しんしょく》されてきていますけれども、やっぱり、広げていいものと、悪いものがある。

これは、まあ、「共産党ウィルス」とも言いましたが、逆に言えば、「信仰免疫《しんこうめんえき》」っていうのが同時にありまして、「神への信仰」があれば、免疫がつくんです。死なない。

綾織　死なない。

斎藤　医学的にも影響《えいきょう》するのですか。

霊人　死なない。

斎藤　信仰免疫で、肉体にも変化が起きる。

霊人　だから、唯物論者《ゆいぶつろんしゃ》に流行《はや》る。

斎藤　だから、共産党ウィルスという……。

霊人　そう。唯物論者には流行ります。

綾織　信仰にも、いろいろなものがあります。例えば、キリスト教の信仰だったり、仏教の信仰だったりしますが、「素直《すなお》に神を信じる気持ちがあるというのが大事」

ということになりましょうか。

霊人　まあ、はっきりと、「神を信じない者」と「信じる者」とのグループが分かれている場合には、明らかにどちらに立つか、もう決まっておりますが、両方、神を信じる者同士で争っている場合等は、なかなか難しいものがあります。

中世のキリスト教でも、旧教、新教が争っているようなときは、ペスト等が流行って、両方、死者をたくさん出して、「宗教戦争は、もうやめなきゃいけない」っていうような場合も、起きる場合もある。あんなときも、介入《かいにゅう》していますけれども。

まあ……、今、これは、信仰免疫で撃退《げきたい》できる。信仰のある国家には、あまり広がらない。

綾織　国のレベルでもそうですし、個人の場合も、そういう考え方になるわけですね。

霊人　そうです。

斎藤　信仰を持つと、霊的《れいてき》に影響が出るようになる……。

霊人　「悪性が弱まる」ということです、ウィルスの。

ウィルスは小さいですが、ウィルスにも、要するに、悪性の想念が宿ると、これが「悪霊《あくれい》みたいになってくる」っていうことですね。さらに、致死《ちし》性を持つこともあるということですね。

本来は、それは、体が弱ってる者等が亡《な》くなっていくのは悲しいことではあるけれども、中国共産党のニーズとも合ってる面も、一部あることはあるんでね。内部的に、このへんのことを、政府の意図を見抜《みぬ》いたら、やはり、もうちょっと、人命を大事にする、要するに、ナチスのように、「優秀《ゆうしゅう》な遺伝子だけ残して、劣等《れっとう》遺伝子を持ってるような者は殺しても構わない」みたいな考え方を、今の中国は持ってますから、はっきり。

このへんについての思想改造が必要だと思います。

## ウィルス流行のメカニズム

斎藤　さすがに、習近平《しゅうきんぺい》も、首が危なくなってきたと思われるために反省が少し入ってきたようで、かなり珍《めずら》しいことらしいのですが、「中国の指導部が、新型肺炎《はいえん》への対応の誤りを認めた」「誤りがあったという認識があった」とのことです。反省によって、指導部の態度が直り、病気も治るものでしょうか？

霊人　まあ、中国指導部こそ高齢《こうれい》化していますので、かかったら、すぐ死んでしまう可能性が高いから、怯《おび》えているだろうと思います。かなり高齢ですので、ええ。危ないでしょうね。

だから、北京《ペキン》を制圧した場合は大変なことになるから、北京の周りに万里《ばんり》の長城《ちょうじょう》を築きたいぐらいですから、〝中国の国土〟が、ものすごく小さなものになってしまいますねえ。

綾織　このウィルスは共産党ウィルスということでしたが、やはり、悪性化させているものというのは、そういう唯物論的な考え方ということでした。今までに、幸福の科学では、さまざまな、中国に対する悪霊・悪魔《あくま》的な霊存在の影響というのが明らかになっているのですけれども、そういう、邪悪《じゃあく》なパワーによって悪性化しているという理解でよろしいでしょうか。

霊人　ああ、ちょっと、まあ、うーん。あなたがたのテクノロジーでは、ちょっと無理なことですが。

本来であれば、中国の側の攻撃《こうげき》想念は、香港《ホンコン》やウイグルや台湾《たいわん》、日本、それから、アジアの他の国、および、中東、ヨーロッパのほうへ向けて、アフリカに向けて、いろいろなかたちで、これからイナゴの大群のように進撃していくはずだったんですけれども。そういう霊流《れいりゅう》が流れ始めていた、その霊流を、私たち……、ああ、しまった。しゃべってしまう。ああ、その霊流をちょっとブロックして、なかに籠《こ》もらせたんで。

綾織　ああ、なるほど。「なかで回るような状態をつくり出した」ということですね。

霊人　そうですね。あなたがたに分かるように言えば、ある程度の「スピリチュアル・スクリーン」をつくったということです。

綾織　あっ、なるほど。「結界《けっかい》ができて、封《ふう》じ込《こ》められている」ということですね。

霊人　「コンテイニング・チャイナ」を、やり方をお見せしているところですね。神仏も許しがたいレベルに来ている中国の人権蹂躙《じゅうりん》。

藤井　今おっしゃられたように、客観的には、世界的に見て、中国共産党政権が〝隔離《かくり》〟というか、孤立《こりつ》させられて……。

霊人　隔離されていますわね。

藤井　ええ。そういう状況《じょうきょう》ができてしまっています。ただ、今、お話を伺《うかが》っていて、これが非常に明確な意思や、意図のもとに起きているると感じるのですが。

霊人　あります。明確な意図があります。

藤井　このタイミングというのは、やはり、選ばれて……。

霊人　いや、これは、今やらなければ、逆回転して、あちらの悪想念の霊流が、本当に拡張の潮《うしお》に乗って、いろんなところに進撃を開始することをイメージしていましたから。「国内が、もし経済的に失速したとしても、海外でそれを取り返す」ということで、やるつもりでおりましたから、はっきりと。

こうでなければ、逆になります、本当に。あちこちで火の手が上がり、国土が燃やされ、人々が逃《に》げ惑《まど》うような状況が起きていたはずです。

藤井　先ほど、地球を見渡《みわた》すような視点でご覧になっているとのことでしたが、やはり、「中国が、今、いちばんのポイントになる」と。国際政治的に見ると、イランのほうでの事件もありましたが、「今、いちばんフォーカスするとしたら中国だ」と見ているのですか。

霊人　中東もこれから大きな問題にはなってきますので、「これを、どういうふうに片付けるか」は、もう一つの問題として、当然、理解はしておりますけれども。うーん。まあ、香港、台湾は、かなり迫《せま》ってきていましたからね。香港、台湾と、あと、国内問題？　国内のなかにおける人権蹂躙《じゅうりん》は、そうとうなところまで来てはいましたので。

これで、アメリカでさえ手が出せないような状況であればね、税金で揺さぶるぐらいまでしかできないっていうことであれば、情報さえ統制すれば、何をやっていても分からないことになりますね。

だから、例えば、ウイグルの強制収容所で隔離されているのが、三百万人だか、二百万人だか、百万人だかも分からない状況ですからね。そして、彼らは、国外で反対運動をやってる人たちの家族まで調べ上げて、そこを責め抜くっていうことをやっておりますから。

　こういうことが、公然と、世界の五分の一の人口がある国で行われているっていうことは、もはや、神仏も許しがたいレベルまで来て、内部を、蓋《ふた》を開《あ》けて見せなければいけないときが……。

綾織　国際社会、日本も含《ふく》めてですけれども、「今、起きていることをオープンにせよ」「すべて明らかにせよ」と言わないといけない。

霊人　せざるをえないようになりますよ。

　だから、中国がいちばんされたくない「救済」が、外国から、次の段階は入ってきますから。国内の病院、人を救う気がないから、十分ありませんし、医師も十分じゃありませんし、見放すのは簡単だし、薬はまったく合わないものを使うし、有効期限切れの薬なんか、いくらでも使っています。医療《いりょう》ミスなんか、いくらでもあり続けた。
これは、もう全部、情報公開させていく必要はあります。

外国の救援《きゅうえん》が入ることで、やがて中国の実情は明らかになっていく

綾織　ソ連の場合は、チェルノブイリの原発事故があって、そのあと、ゴルバチョフさんが、グラスノスチということで、情報公開を自《みずか》ら決めてやって、結局は、それが体制の崩壊《ほうかい》につながっていったわけですが、それと同じ流れが強制的に起きてきたように思います。
霊人　今、中国の場合、経済的に儲《もう》かっているところだけに光を当てて見せて、外国にうまくいっているように見せているけど。それ以外の悪いところを見せないように、情報統制を完璧《かんぺき》にやっていますけど。

これだけ世界のメディアに注目されて、次に助けを求めなきゃいけないレベルまで来たら、習近平氏は中国国内だけで何とかやろうとしているけど、現実には武漢《ぶかん》市などを見れば、もうお手上げ状態で、「われらではもうどうにもならない」っていう状態ですよね。

綾織　はい。

霊人　テレビで観《み》るように、ショベルカーみたいなのがいっぱい動いて、臨時の建物を建てていますけど。本当だったら、穴を掘《ほ》って放り込んで、患者《かんじゃ》はまだ生きているけれども、ガソリンをかけて焼きたいぐらい。それが本当ですけど。

まあ、世界の目があるからできないで、いちおう収容しているふりはしていますけど、だんだん手が届かなくなったら、外国が救援《きゅうえん》に入る。これを拒《こば》む方法はやがてなくなってくるでしょうから、このときに内容がだんだんにばれてくると思います。

## 中国は、ワクチンをつくっていなかった

斎藤　普通《ふつう》、開発とかをしているときには、対抗《たいこう》策として、ワクチンを同時に開発すると思うのですが、今回は、そういうものは中国は用意していなかったのでしょうか。

霊人　してない。ワクチンはつくってない。

斎藤　ただ、減らすことだけを考えていたのでしょうか。

霊人　ここはねえ、人口は、自分のところも多いし、外国のも減らすつもりでいたぐらいですから。

だから、ほんとは、これねえ、もっと、うーん……。まあ、航空機を飛ばして日本の大都市にポコンポコンポコンと生物兵器を爆弾《ばくだん》風に落としていったらね、あっという間にこういうのが流行っても、夜間なんかに落とされたら分からないですよ、これ。うん。

綾織　「ワクチンが今の時点ではない」ということになると、やはり、先ほどおっしゃっていた「信仰」の部分がいちばん大事になると。

霊人　まあ、エイズ系の（薬）が少し効くようになってきてはいるようですけれども。

綾織　はい。

霊人　（エイズは）免疫がなくなっている人が、早く死ぬものでしたから、エイズ系のワクチンが多少効く。

（コロナウィルスも）免疫が落ちている者が早く死ぬので、免疫のところを強くすることで、立ち直る可能性はあるんですけれども、彼らは、そんなにエイズ用のワクチンなんか、いっぱい持っていませんから。

綾織　確かに、「信仰心、心の強さによって免疫力が高まり、ウィルスに負けない」というのは、原因・結果の縁起《えんぎ》の考え方からすると、ストレートにつながるものではあります。

## 5　病気や天変地異が反省を促《うなが》す

### エイズ等の病気は、望ましくない風潮への警告

霊人　われわれは、かつて、アメリカでエイズが流行《はや》った時代、一九八〇年代、もう警告としては送ったんですが。エイズウィルスを送り込《こ》んだんですけれども。

綾織　送り込んだんですね？

霊人　送り込みました。送り込んだんですが。

最初は、「ゲイとか、そういう同性愛者に広がる」ということで、警戒《けいかい》がそうという行きましたが、そのうち、「関係がない」というふうになって、「蔓延《まんえん》してくれば、

同性も異性も関係なく広がる」というようなことになって、うやむやになってしまった経緯《けいい》はございますけれども。あんまり望ましくない風潮が流行ったときに、こういう病気を送り込むんです。

綾織　人類の歴史のなかで、そうしたことが繰《く》り返されていると。

霊人　何度も何度もやっています。ずーっとやっています。百年のうちには、まあ、数回は……、二、三回はあるんじゃないですか、最低でも。「スペイン風邪《かぜ》」のときもやりましたし。

斎藤　スペイン風邪で亡《な》くなったのは、全世界で二千万人以上とも、五千万人以上とも言われています。

霊人　ええ。大戦争が起きる前ですけどね。大戦争が起きる前に、スペイン風邪を流行らせようとして……。

「なぜスペイン風邪か」ということですけれども、五百年間の帝国《ていこく》主義的な侵略《しんりゃく》戦争をやってきたのは、このあたりが中心で起きたものですから。

斎藤　「第一次世界大戦」の時期に合わせてスペイン風邪は流行り、数千万人以上が亡くなったかたちですね。

あと、ペストも……。

霊人　そうですね。

斎藤　十四世紀にはヨーロッパでは二千四百万人ぐらいがお亡くなりになっています。ペストは「黒死病《こくしびょう》」とも呼ばれますが、それにも関与《かんよ》されていますか？

霊人　まあ、このころも、魔女狩《まじょが》りとか魔女裁判とかいう、宗教にあるまじきですねえ、生きた人間を火あぶりにするようなことがすごく行われ、異端《いたん》裁判が行われ、宗教の正邪《せいじゃ》が分からないような時代であったので、「おまえたちは何か間違《まちが》っていないか」という警告として、まあ、投げ入れられたものは、ある。

綾織　これも、やはり自分たちがつくり出した悪想念が……。

霊人　そうです。

綾織　自分たちに返ってくる……。

霊人　悪性化するんです。それが一定以上溜《た》まったときに、堰《せき》を切って流れ出し、何らかのかたちに必ず出てくるんです。流行るときには、流行る。

斎藤　では、今回は、高次元のパワーで壁《かべ》をつくり、囲い込むかたちで、それを中国にとどめているということでしょうか。

霊人　そういうこともできる場合もあるし、コロンブスのときのように、西インド諸島で、原住民が持っている梅毒のウィルスをコロンブスたちが持って帰って、世界中に流行るのに、百年もかからなかったのですからねえ。まあ、こういうふうに蔓延《まんえん》してしまって。

これは、現代的に言えば、「人種差別」や「レイプ」、その他の行為《こうい》が、やはり人道的に許されないことを教える意味があったし、「性的な純潔さ」や、あるいは、「家庭生活を護《まも》るということの大切さ」を教える意味はあったんですけれども、まあ、それが分からないままに、世界中に広がってしまったところはありますわね。

イギリスの王室まで広がってしまっているということですからね。

## 中国人が「何らかの天意」を感じるところまで続く

綾織　特に、中国の王朝の場合は、「『王朝の末期に政治が乱れて、国民が苦しむ』というなかで、ほぼ必ず何らかの伝染病が流行って、王朝が滅《ほろ》び、そして、新しい政治体制が上がってくる」という流れでした。

霊人　「天意があって、革命が起きる」っていうのは、中国人は、まあ、いくら唯《ゆい》物論《ぶつろん》に変わっても、忘れているわけではないので、彼らが、何らの天意を感じるところまではやらなくてはいけないとは思っているんです。だから、世界中に広げようと思っているわけではなくて。

綾織　そうですか。

霊人　彼らが、「中国本土に問題があるのではないか」と、そういう天意を感じるところまでは、終わらせるつもりはない。

長引けば、東京オリンピックまで来てしまうから、そのへんのところにも影響《えいきょう》は出ることもあるんですけど、まあ、われわれは、東京オリンピックの経済効果とか、そんなことは考えていないもので。まあ、好きにやってください、そのへんのことは。

感染騒動《そうどう》がなければ、香港《ホンコン》や台湾《たいわん》は火の海になっていた!?

霊人　ちょっと今、これでもやらないと。あなたがたは、香港《ホンコン》や台湾《たいわん》が火の海になるのを見たくないでしょう?

綾織　実際、もう、そこまでのことが想定されている状態だということですね?

霊人　「準備はしてます」から。「してました」ですから。

綾織　なるほど。

霊人　だから、香港なんかでも、「ゴー」が出れば、一斉《いっせい》に爆撃《ばくげき》やミサイルが飛ぶ可能性だってあったわけですから。

綾織　確かに、どこかの情報で見たのですが、「去年末の時点で、中国の軍人の給料が急に上がった」というニュースがあって、そういうのも含《ふく》めた準備がいろいろと積み重なっていた。

霊人　〝危険手当〟。

綾織　あっ、危険手当。

霊人　危険手当と〝口止め料〟でしょうね。

綾織　あっ、口止め料。

霊人　うん。

綾織　なるほど。では、準備はほぼ完了《かんりょう》している状態？

霊人　まあ、アメリカが軍事的に対応してくるより先に、〝瞬殺《しゅんさつ》〟しなきゃいけないので。

　だから、あちらのほうに……。まあ、アメリカとしてはイランのほうにかかったので、（中国は）「あちらに手がかかるかな」と思っているけど、これは、トランプさん独特の、実は迂回《うかい》戦術かもしれないので。

綾織　そうですか。

霊人　「イランのほうに行ったら長引く」と見て、「中国のほうには手が出ない」と思って、本能を出してくるところを誘導《ゆうどう》している可能性も、これは、ないわけではないので。

綾織　誘導……。

霊人　（トランプ大統領の）弾劾《だんがい》訴追《そつい》が終わったので、動き始めるころですね、またね。だから、考えている本心は違うかもしれない。

綾織　そうですか。

霊人　うん。

綾織　ほお。アメリカは、ちゃんと中国もウオッチしている状態なんですね。

霊人　やるつもりはあるけど、ちょっと、陽動《ようどう》作戦みたいにあっちをやっている可能性もありますねえ。

綾織　なるほど。分かりました。

## 習近平《しゅうきんぺい》氏の国賓待遇《こくひんたいぐう》への影響《えいきょう》

藤井　非常に、今の世界情勢を見渡《みわた》されていて……。

霊人　うん。

藤井　ただ、われわれ日本人としては、中国とのかかわりでは、春先に習近平《しゅうきんぺい》氏を国賓待遇《こくひんたいぐう》で迎《むか》えるということがあります。日本としては、あまり対策もないに等しい状況《じょうきょう》もありましたが、こうしたことについても、いろいろと考えているのでしょうか。

霊人　もう、「皇居にコロナウィルスを持ち込むわけにはいかない」っていう考え方が一つありますよね。四月まで長引けばね。

## 「情報開示」「民主化」等の動きが出てくることを意図している

綾織　「海外では、そんなに広げないという意図もあられる」ということでしたが、やはり、それぞれの国で、対策・対応を取る必要はあると思います。その点で、無用な患者《かんじゃ》やお亡くなりになる方を出さないために、私たちとして努力できることは何かありますでしょうか。

霊人　普通《ふつう》、「人が死ぬ」ということはあまりよいことではないでしょうから、あなたがたから見れば、「すべてそれが悪」というふうには見えるけれども、今、高《こう》齢者《れいしゃ》と、障害があるような者たちが優先的に死んでいますが、これ、いずれ中国に殺される人たちなので。

時間の問題で、今、景気が下降局面になったら、みんな殺されていく人たち、〝予定名簿《めいぼ》〟に入っているような人たちですので。病院でそれだけ救うだけのキャパはもともとないので。ええ、入院させるだけのキャパはないので。まあ、そういうことを少し早めに知らせようとしているので。

まあ、こういうことが起きたあとですねえ、「もう一段、医療《いりょう》とか、いろんなところをキチッとして、国民を大事にしなきゃいけないんじゃないか」というところは、まあ、見せさせようとは思っているし、「悪いことですね……、国民に対して悪いことについては情報開示をちゃんとさせて、隠蔽《いんぺい》させない」みたいな動きが出てくることを、誘発することを意図してやっています。

だから、基本的には、「台湾・香港型の考え」が、ちゃんと、中国にも支配するように……。まあ、それはエル・カンターレ●が言っているとおりですけれども、そちらのほうに誘導するつもりでいるので。

まあ、こういう方法もあるということですよね。

綾織　ということは、中国本土のなかでも、ある意味、香港的な運動、民主化を目

●エル・カンターレ　地球系霊団の至高神。地球神として地球の創世より人類を導いてきた存在であるとともに、宇宙の創世にもかかわるとされる。現代日本に大川隆法総裁として下生《げしょう》している。『太陽の法』『信仰の法』(共に幸福の科学出版刊)等参照。

指した運動が、これと同時に起こってくるのですか?

霊人　起こす、まあ、きっかけの一つですね。こういうのが起きなければ、大中国に小さいのが歯向かったって、もう「一踏《ひとふ》みで踏み潰《つぶ》せる」っていう感じで、まあ、いくところでしょうけど。「中国人、みんな来てほしくない」という国ばかりになったら、六十何カ国が今、嫌《いや》がっているぐらいですから。

それは、貿易も駄目《だめ》なら、交易も駄目。投資も駄目。契約《けいやく》もできない。団体旅行もできない。

彼らの旅行も戦略的に使っていますから。島とか、いろんな観光地にバーッと国民を送り込んで、そして、「インフラをつくらなきゃいけない」ということで、いっぱい建てたりして。あるいは、金を貸してまでやらせて、そのあと観光客を引き揚《あ》げると、あっという間に、今度はお金が返せなくなって、懇願《こんがん》してくるような、〝北京詣《ペキンもう》で〟をしなきゃいけなくなってくる。

こういう関係を、彼らはずっと使いながらやっています。日本にも同じ手は使っているはずですので。で、これをもうやめさせようと、今しているので、ええ。

## 中国や北朝鮮《きたちょうせん》、韓国《かんこく》の文化圏《けん》を変える意図

斎藤　一月三十日には、大川隆法総裁先生がこの状況を見られまして、「中国発・新型コロナウィルス感染撃退祈願《きがん》」という祈願を降ろされました。そのなかに、「エル・カンターレよ、その御名《みな》のもと、信ずる者を救いたまえ。中国の反省のみを促《うなが》したまえ。」という文言がございます。

霊人　うん、うん。

斎藤　「中国の反省を促す」という目的がある。これについてはどうでしょうか。

霊人　基本的に、「反省のできない人たち」ですから。まあ、中国も反省できない人たちだし、北朝鮮《きたちょうせん》も反省できない人たちだし、韓国《かんこく》も反省ができない人たちです。

この文化圏《けん》ですね、変えないと、将来《しょうらい》的な〝アジアにおけるガン細胞《さいぼう》〟になると思うし、反省できないだけでなくて、「虚偽《きょぎ》」を捏造《ねつぞう》する傾向《けいこう》があります。「嘘《うそ》の歴史」をつくり出して、他の者に反省を迫《せま》る。そして、賠償《ばいしょう》を迫る。お金を巻き上げる。こういう体質を持っていますので。

まあ、これは、あなたがたから見れば、暴力団の論理とほとんど同じだと思います。これは、中国人、北朝鮮、韓国、みんな共通して持っている文化遺伝子ですね。

斎藤　確かに、今回の発症《はっしょう》後、ずっと隠蔽していたり、人数を少なく変えて改竄《かいざん》する傾向があったり、いろいろなことが行われています。これはＳＡＲＳ《サーズ》のときにもありましたし、今回もありますし、けっこう嘘があります。また、韓国もそうです。この「嘘のカルチャーを変える」という意図ですか。

霊人　ソ連があったとき、東西冷戦があって、ベルリンの壁が壊《こわ》れ、北のほうが崩《ほう》壊《かい》していった流れがありましたけれども、やはり、北朝鮮などは、ルーマニアのチャウシェスクみたいな、ああいう独裁者みたいな最期《さいご》を迎《むか》えなければいけないんですよ。「それが来ない」というのはおかしいので、やっぱり、いちおう終わらせようと、われわれは思っています。

## アメリカにも、天変地異は予想されている

綾織　「二〇二〇年から何年かで決着をつける」というようなイメージでしょうか。

霊人　先はいろいろまだありますので、まだこれでは終わらない。
中東の、イスラエル 対 イスラム系の問題、イスラム圏同士の戦い、それから、EUの問題もあるし、ロシアの台頭がもう一回あるかもしれないし、まだ複雑な要

素がだいぶあるし。

アメリカだって問題はないわけじゃありませんので。うーん、気をつけないと、アメリカもですね、昔の「バアル信仰《しんこう》」みたいになっていく可能性もないわけではないので。お金に換算《かんさん》してのみ、幸福と信仰を測るようなところは出てきていますので。

**綾織**　トランプ大統領にも、その気《け》があるということでしょうか。

**霊人**　ないわけではないですねえ。あることはあるから、「この先はどうなるか」だし。

アメリカ民主党の流れも、先行きは危険なところまで来ていると思いますねえ。彼らの〝西部開拓劇《かいたくげき》〟が西海岸まで来て、あと、太平洋に落ち込むところまで、もう来ているような感じはありますわね。アメリカのリベラリズムの終焉《しゅうえん》が近づいていると思うので。
だから、リベラリズムを「民主主義」と思っている人たちにとって、新しい考え方が入らないかぎり、その文明が終わる可能性があります。

綾織　それは、天変地異的なものなのでしょうか。

霊人　ええ。特に西海岸、アメリカ西海岸は、天変地異がそうとうの数、予想されているところだ。

綾織　そうとうの数？

霊人　はい。「連続で」ということですね。それは考え方が、かなり……。まあ、「間違った考え方が広がっている」ということですね。

現在、何段階もの構想を練っているところ

斎藤　十年前、大川隆法総裁がエドガー・ケイシー氏をこちらに招霊《しょうれい》されたとき、「十年以内に謎《なぞ》の病気が流行る。レギオン（軍団）は解き放たれた」というようなことを言っておられました。

今年はちょうどその十年目の年に当たるのですが、「病気とか、天変地異とか、こういうものも次々とぶつけながら、改革・変革を促す」というストーリーなのでしょうか。

霊人　中国みたいなところにおいては、「基本的人権や……。あのー、嘘でもって人間の頭をブレインウォッシュ（洗脳）するスタイルでの全体主義を崩壊させたい」と願っているし。

●エドガー・ケイシー氏を……　『エドガー・ケイシーの未来リーディング―同時収録　ジーン・ディクソンの霊言―』（幸福の科学出版刊）参照。

アメリカに関しては、「逆の意味において、人権が行きすぎて、その優《やさ》しさのために、神の考え等に背《そむ》いてまで人間の自由がオールマイティーになって、やりたい放題になるようなことも許してはいないんだ」ということだし。

イスラム圏に関しては、「千何百年前に定まったことが、現在もまったく変わらずにあり続ける」ということが、多くの人たちの可能性を奪《うば》って、苦しみを与《あた》える原因にもなっているし、また、いろんなテロを起こす原因は、思想のなかにも確実に存在するので、ここのところも、情報公開と、要するに、自由な考え方が出せて、公然と「表現の自由」や「行動の自由」や「選挙の自由」、「指導者を選ぶ自由」等を持たせるような国に変えていく必要があって。

まあ、地球の各地で、いろんな〝時差〟があって、いろんな制度が行われているけれども、これをできるだけ理想的なほうに引っ張っていこうと、まあ、何段階もの構想を練っているところです。

## 6　日本へのメッセージ

### 「日本にも、根本的に反省すべき事態が起きる」

藤井　日本の現状については、何か問題意識は持っておられますか。

霊人　日本については、ほんとに言いにくいところはありますけれども、そろそろ目覚めていただかないといけないころかなあと思うんです。

阪神《はんしん》・淡路大震災《あわじだいしんさい》があったり、東日本大震災があったりしても、どんどん左翼《さよく》のほうが強くなるばっかりで、国のほうが財政出動したりして、国力を弱める方向に物事は動いていってばかりなんですけれども。

このへんは、「一九四五年の敗戦」と、「中途半端《ちゅうとはんぱ》なかたちでの天皇制の維持《いじ》」と、

「真なる信仰《しんこう》、あるいは、神仏の存在と天皇制との関係」、こういうものについての〝洗い直し〟が、全部始まってはいるんですよ。

だから、日本は明治維新で御一新《ごいっしん》があったが、同時に、ある意味での神仏を捨ててしまったところがあって。そういう天にある神仏ではなくて、地上にいる王様の代わりとしての天皇を、現人神《あらひとがみ》として祀《まつ》るような体制をやって、先の大戦で敗れた。

この天皇の存在は、高天原《たかまがはら》にある日本の神々や、普遍《ふへん》的な神につながる存在として祭祀《さいし》を行《おこな》って、国民を啓蒙《けいもう》する存在としてはありえる存在なんだけれども、自分たちが何の教えを説くこともなく、神を代行しているような状態としては望ましくなくて。

だから、天皇制が、天皇・皇室が続いていくことによって、日本が宗教的な民族として繁栄《はんえい》していくことは望ましいんだけど、そうではないかたちでのスタイルがやや続いているように思われるし、国の制度のなかの民主主義も、少し〝腐《くさ》り始めている〟のではないかと思われるところがございますわね。

例えば、直近では、国会で短い時間ではあったでしょうけれども、幸福の科学大学不認可の理由を野党に問われて、「不正なことがあった」とか、「学長の問題だ」とか、なんかいろいろ言いながら、要するに、「政党を立てたから、そういうところを助ける必要はない」というような言い方もしていたように聞こえました。

そうであれば、野党の側は、「別の政党を立てたところの大学は認可しないということでよろしいんですか」と突《つ》っ込《こ》むべきであったのではないかと思います。もし、「そうです」と言ったならば、彼ら国会議員は、全体の奉仕者《ほうししゃ》として国民に奉仕するのではなくて、自分の党にお仕えしているだけの人であるということで、そういう党利《とうり》党略《とうりゃく》でしかやっていないということになりますので、日本の民主主義は腐っているということになりますわね。

現実、同じ政党が政権を担《にな》うということは、そういう党利党略のためにあり、「別のところを負かして勝ち、自分たちが大臣になり、権力を持つ。そして、財政赤字をつくってでも権力基盤《きばん》を維持する」、まあ、こういうことに注力《ちゅうりょく》していって、嘘偽《うそいつわ》りがまかり通っていますわね。

だから、実際に、国会議員の答弁等には嘘偽りはまかり通っている状況《じょうきょう》かと思うし、官僚《かんりょう》も、結局は「嘘偽りのエキスパート」ということになっていると思うんです。

これも明治維新以降にできた制度ですけれども、このあたりには、もう一度、洗い直しが必要なときが来ていると思いますので、それは、「根本的に反省すべき事態が日本にも起きる」ということを覚悟《かくご》されたほうがいいと思います。

綾織　それもまた、やはり天変地異的なもの……。

霊人　それも、もう近づいている。

綾織　はい。

霊人　ですから、文部科学省問題を言えば、あれだけ天罰《てんばつ》が落ちてもまだ分からない状態であるので、「分からないなら、分かるところまで何かが起きるであろう」ということですね。

## 中国での天変地異的な事態は〝明言〟されていた

斎藤　今年（二〇二〇年）の年初、一月二日に、大川隆法総裁先生が、宇宙からのメッセージと申しますか、そうした地球を護《まも》ってくださっている方とのコンタクトを取られまして、「今年は全体主義国家に楔《くさび》を打ち込《こ》む年である」というような通信を受けられています（本書第二部　第1章参照）。

そして、もう一つのメッセージとしましては、「中国軍が香港《ホンコン》、台湾《たいわん》、尖閣《せんかく》の攻《こう》撃《げき》を考えているので、宇宙からの威嚇《いかく》行動として、天変地異とも神意とも見えるようなことを中国に起こす」というように〝明言〟されていました（本書第二部　第

2章参照）。

霊人　はい。

斎藤　これが一月三日でございました。そのあと、こうした「新型コロナウィルスの感染」という事態が発生しています。

霊人　はい、はい。序章ですけどね。

斎藤　やはり、それは確定して……。

霊人　はい。

斎藤　起こすことを明確に意図しているということでしょうか。

霊人　そのとおりです、そのとおりです。……そのとおりです。蔡英文《さいえいぶん》氏の当選は、だいたい、もう分かっていたことですけれども、そのあと、日本が果たすべき使命があるけど、そういう体制になっていないですね、国家がね。

全体に信仰心が薄《うす》まって、せいぜい言って、ほんとに、稲荷《いなり》信仰レベルのご利益《りやく》信仰程度しかないので。天照大《あまてらすおお》神《みかみ》が何度警告《けいこく》を送っても、十分には理解しないし。皇室にも、もう一段、深刻に考えてもらう必要があるけれども、皇室にだって、今、大きな霊的《れいてき》な渦巻《うずま》きが起きているはずです。

だから、これから日本に起きることを言うのは簡単な

『天照大神のお怒りについて』（幸福の科学出版刊）

『最大幸福社会の実現』（幸福の科学出版刊）

んですが、今、言わないほうがよいと思うので、差し控《ひか》えさせていただきますけれども。それが起きたときに、マスコミ等がまたしても反対の方向に解釈《かいしゃく》して持っていく可能性が強いので、そういうときに的確な言論で導いていかねばならないということは、知っておいてください。

使命はあるんです。

## 明かされた「今回のメッセージの送り手の名前」

藤井　今、質問者が年初のメッセージに触《ふ》れましたが、（一月三日のほうは）「R・A・ゴール」●という宇宙的存在から送られたメッセージでした。

霊人　うーん……。

藤井　今、私たちにメッセージを送っているご存在というのは、宇宙的なご存在、

●R・A・ゴール　こぐま座アンダルシアβ《ベータ》星の宇宙人。宇宙防衛軍の司令官の一人であり、メシア（救世主）資格を持つ。

あるいは、何か霊界《れいかい》的なご存在なのでしょうか。

R・A・ゴール　うーん……。私がR・A・ゴールです。

藤井　はい。

斎藤　はあ……。本年の一月三日に「中国に天変地異とも神意とも見えるようなことを起こす」というように明言されたあと、「そのへんは緊張《きんちょう》して見ていてくださ い」とまで私たちに教えてくださいましたが、まさに緊張して見ていたときにこういうことが起きて、なるほどなと……。

R・A・ゴール　はい。

「新型コロナウィルスの〝次〟があり、日本にも危機が来る」

R・A・ゴール　でも、まだ〝次〟がありますから。

斎藤　次があるんですね!?

R・A・ゴール　うん。これをどこぐらいまで起こして、どのへんで峠《とうげ》を越《こ》えるか、その次は何を起こすか。日本も来ますから。これは、もう予言されていると思いますが、日本にも危機が来ますので。

斎藤　何か、また別なかたちも含《ふく》めて……。

R・A・ゴール　はい。危機が来ますから、それから脱出《だっしゅつ》する方法を、あなたがたは「出《しゅつ》エジプト」風に考えなければいけないと思います。

斎藤　先ほど、「共産党ウィルス」に対して、「信仰ワクチン」ではありませんが、そういったものがあって、「信仰免疫《めんえき》」があるということなのですけれども……。

R・A・ゴール　まあ、日本に罰《ばち》が当たるとしたら、エル・カンターレをなめすぎていると思います。私たちは、これ以上はもう許せない。限界です。

斎藤　ただ、この世的には、科学的・人為《じんい》的な痕跡《こんせき》がなく、例えば、自然現象的にも見えるようなかたちになっているので、そうした聖なる意図のようなものが働いてるようには見えにくいのですが、これは、やはり、「そのなかから感じ取れ」というように、反省を促《うなが》していくということなのでしょうか。

R・A・ゴール　まあ、感じ取るまで続けますから。

斎藤　感じ取るまで続けられるのですね?

R・A・ゴール　うん。

斎藤　分かりました。

「私たちは、地球の救世主級の力は持っている」

綾織　先ほど、「私たち」という言葉を使われていまして……。

R・A・ゴール　ハハッ、ハハッ(笑)。

綾織　もしかしたら、何人かの方での協力体制のようなものがあるのかなと……?

R・A・ゴール　（笑）まあ、それは、全部は明かすわけにはまいりませんがね。

綾織　はい。

R・A・ゴール　「現れていい者」と「隠《かく》れてなきゃいけない者」とがいるので。私たちは今、「私」とか「ヤイドロンさん（本書第二部　第3章参照）」とかが前面に立って戦う方向で出ているので。これ、まだ隠れている者もおります。

綾織　なるほど。

R・A・ゴール　ただ、私たちの力は……、地球に出てきている救世主級の力は、当然持っていますので、どうか、それは知っていてもらいたいと思います。

だから、あなたがたが、モーセが起こした神の天変地異や自然災害がもう分からなくなっているなら、それは現代に、どういうふうなかたちで起こせば同じようなものだと思うか、分からせてあげようと思います。

「私たちは、どんなことだって自由にできるんだ」ということを、実は知っていただきたいんですけどね。

## 日本に流れる〝親中国的な遺伝子〟を破壊《はかい》する必要がある

斎藤　先般《せんぱん》、大川隆法総裁が●カナダにご巡錫《じゅんしゃく》をなされましたときに、現地の方の「Q&A」の時間がありました。

R・A・ゴール　うん。

THE REASON WE ARE HERE
いま求められる
世界正義
私たちがここにいる理由
香港デモ
中国民主化
地球温暖化
LGBT問題
日本と世界が
進むべき未来を指し示す。
大川隆法
RYUHO OKAWA
2019.10.6
カナダ講演を
収録

●カナダにご巡錫を……　2019年10月6日〔日本時間10月7日〕、カナダ・トロントにて“The Reason We Are Here”と題し、英語による講演と質疑応答を行った。『いま求められる世界正義』(幸福の科学出版刊)所収。

斎藤　そのときに、「『ゴールデン・エイジ』の本当の意味とは」ということで解説されており、「それは、この地球上から、無神論者や神への信仰を持たない人々を一掃《いっそう》し、二〇二〇年から二〇三〇年にかけて、そうした大きな力が滅《ほろ》んでいくということです。それは例えば、神を信じない一党独裁、共産主義独裁の巨大《きょだい》な国家が、神の力によって倒《たお》されるということです」とお答えになりました。

R・A・ゴール　うん。

斎藤　この計画の流れの一環《いっかん》と考えてよろしいでしょうか。

R・A・ゴール　そうですし、日本も、ある意味で〝中国化〟していますでしょう？　ある意味でね。中国化して……、経済発展しているということで、中国に逆に憧《あこが》れて、まねしようとするような傾向《けいこう》が出てきて、おもねる傾向が出てきているでしょう？

で、中国に対して、今、制裁を加えていますけれども、「日本の中国化」、言葉を換《か》えて言えば、日本も緩《ゆる》やかに全体主義に向かっています、今ね。

これに対して、正常な民主主義が機能するように、そして、神仏の心が正常に流れるように。国会の場であれば、「責任さえ取らなくていいなら、いかなる嘘偽りも言い放題」ということだったり、「本来、公正中立であるべき、法の執行《しっこう》をしている人たちが、政権を護るためだけに利用されるような体制が続く」とか、こういう政治の私物化、国民の上に立つ人たちの私欲が、完全に公的に受け入れられているような現状に対しては、はっきりとした結末を見せなければいけないというふうに思っています。

まあ、すべてにおいて力不足のようには見えますが、ほとんどにおいて、日本のなかに〝親中国的な遺伝子〟、文化遺伝子が、マスコミや国民、教育の間に流れていて、学問的なるものも、「そうした唯物論《ゆいぶつろん》的科学技術のみが学問的なものだ」と思う考えになってきていると思います。

これらを破壊《はかい》しなければ、「ゴールデン・エイジ」は来ませんから。

## 7　地球は宇宙のメシア星のなかでの実験場

### 中国的価値観を広げようとする宇宙の邪神《じゃしん》の存在

藤井　今、唯物論《ゆいぶつろん》国家・中国に対して、宇宙的介入《かいにゅう》として、力が働き始めているとのことですが、ご存在の名前を明かしてメッセージを送られていることの意味を、地上でどのように受け止めたらよいでしょうか。

R・A・ゴール　向こうにも敵はいるんです。

藤井　はい。

R・A・ゴール　向こうにも宇宙的に敵がいるんです。あちら側も仕掛《しか》けてくることは……、可能性はあります。

藤井　中国のほうにも宇宙人が力を貸しているということですか。

R・A・ゴール　います。ただ、知恵《ちえ》比べですけどね。

藤井　はい。

R・A・ゴール　で、やはり、私たちが主流ですので。主流のほうが地球を長く率いてきているので、今、侵略《しんりゃく》目的で介入してきている者たちのそういう手口は、全部、封印《ふういん》していくしかありません。

綾織　私たちが今まで教えていただいている内容としては、「カンダハール」とか「アーリマン」とかいう名前で、宇宙の邪神《じゃしん》的な存在として理解しているのですけれども……。

R・A・ゴール　入っていますよ。

綾織　彼らは、今は、何を考えている状態でしょうか。

R・A・ゴール　いやあ、中国的価値観で、できるだけ要所を押《お》さえようとしていると思いますよ。

だから、「二〇五〇年までに世界地図から日本を消す」っていうのも、その考えのなかの一つですよ。だから、彼らの考えから言えば、香港《ホンコン》や台湾《たいわん》など、とっくに地図から消えているものですので。

なぜ今、「中国発・新型コロナウィルス感染 霊査《れいさ》」が許されたのか

綾織　大川総裁が、冒頭《ぼうとう》で、「昨日《さくじつ》（二〇二〇年二月六日）の時点で、明らかにしてもよい許可が出ました」ということをおっしゃったのですけれども……。

R・A・ゴール　ええ、昨日の（午後）六時に許可を出しました。

綾織　はい。その意味合いというのは、どのようなものなのでしょうか。

R・A・ゴール　まあ、「ザ・リバティ」の締《し》め切りがね……。

綾織　あっ、いや、いや、いや（会場笑）、そこは少し置いておいていただいて（笑）。

R・A・ゴール　ハッハッ（笑）。ちょっと、ニュースとして遅《おそ》くなりすぎるでしょう？　そろそろ出さないとね。

綾織　はい。

R・A・ゴール　だから、われわれとしては、もうちょっと〝潜航《せんこう》〟してやったほうがいいことはいいんですがね、対抗《たいこう》してこられることがあるのでね。

綾織　あっ、別の動きが出てくるんですね？

R・A・ゴール　ああ、そう。「対抗」してくるから、あっちも。そういうところがあるので、ちょっと……。しばらく秘密裡《ひみつり》にやらないといけないところもあるんで、ちょっと、何日か引っ張ってはいるんですけど、まあ、そろそろよろしいかな、と。

これ、行くところは、もうちょっと行きますので。三、四月までは引っ張れるだろうとは思っております。そのあとは、また別のものを考えていますので。

斎藤　そうすると、中国の習近平《しゅうきんぺい》国家主席は、日本に来られなくなるという……。

R・A・ゴール　まあ、とにかく、話題になるようにはしますので。

「R・A・ゴールとエル・カンターレの関係」とは

斎藤　このような事態のなか、地球系には、仏陀《ぶっだ》をはじめ、さまざまな聖人や高級諸霊《しょれい》がいらっしゃいますが、そうした救世主の方々とも連携《れんけい》を取りながらやっておられるということでしょうか。

R・A・ゴール　宇宙まで打ち抜《ぬ》いていますので、地球系の救世主のレベルはもう超《こ》えているんですよ、はっきり言って。超えているので。宇宙のところまで打ち抜いてやっていますので。

だから、地球は、今、宇宙のメシア星のなかでの、注目を浴びている実験場になっているということですね。

斎藤　先ほど、エル・カンターレの考えにぶつかっている勢力に対して、例えば、「これ以上、低く評価してみたり、存在を認めなかったりした者に対しては、許しません」というようなご意向を示されました。

そうしますと、今の状態というのは、「地球の救世主、メシア級のレベルを超えたお力を持った方が、そうしたスタンスでいながら、エル・カンターレをお護《まも》りする」というようなかたちになっているのでしょうか。

R・A・ゴール　いや、私たちも「指導を受けた者」ですから。

斎藤　あっ、エル・カンターレの指導を受けられた方なのですか。

R・A・ゴール　うん、かつてね。かつて指導を受けている者ですから。

斎藤　はあ……。

R・A・ゴール　指導を受けて、いろんな星の指導者として仕事をしている者ですから。

「エル・カンターレの法は三十パーセントしか明かされていない」

R・A・ゴール　まだ明かされているのは全体の三十パーセントぐらいで、あと七十パーセントぐらい明かされていない部分があるので、あと七十パーセント、「エル・カンターレの法」を明かすためには、もう少し、仕事を進めないといけないんです。

斎藤　あと七十パーセントが残っているんですか。

R・A・ゴール　明かされていないので。

斎藤　今、法を説かれてから三十年以上たってはいるのですが……。

R・A・ゴール　うん。まだ三十パーセントぐらいしか明かされていないんで……。

斎藤　はあ……。

R・A・ゴール　あと残りの七十パーセントを明かすためには、幸福の科学がもっと広がって認められなければいけなくて、そこのところが、今、われわれが急いでいるところだし、調整しようとしているところですね。

まだ届いていないので、「エル・カンターレの法」を説き切るところまで持っていかなければいけないが。まあ、弟子《でし》のほうの動きが鈍《にぶ》くて、とっても遅いのもありますが、やっぱり、既成《きせい》勢力としての日本人やマスコミや、あるいは、外国の力等が大きな阻害《そがい》要因になっていると思います。

## 8　今が「自由・民主・信仰《しんこう》」の未来に向けた革命のとき

### 「中国が覇権《はけん》国家になったら、あなたがたは〝家畜《かちく》〟になる」

斎藤　最後のほうになりましたが、あと、「人権」について一つお伺《うかが》いします。先ほど、「人の命を安く見ている国というか、軽《かろ》んじている国」というようなお話もございましたが、私たちは、「仏の子としての命」というものを、エル・カンターレから教わっています。

したがいまして、やはり、「そうした人の命を安く見る国が拡張・発展することは許さない」ということでよろしいでしょうか。

R・A・ゴール　うん、それだけじゃないですね。やっぱり、信仰心《しんこうしん》と、その信仰心が「真理に基《もと》づいた信仰心」でなけりゃいけない。その真理に基づいた信仰心を持っている人々が、この世で繁栄《はんえい》することが望ましいことであるので、〃カビ菌《きん》のような人たち〃がはびこるばかりでは困りますわね。

だから、百億に向かっていく人口が、そうした無神論・唯物論《ゆいぶつろん》、あるいは、ＡＩを神として崇《あが》めるような、そういう世界になったなら、やっぱり、われわれは崩壊《ほうかい》を起こすしかなくなるので。いったん崩壊を起こすしかなくなるので。そういうことを止《と》めるために、今、急いでやっているわけなんです。

だから、中国が覇権《はけん》国家になって、世界を監視《かんし》カメラとＡＩで統御《とうぎょ》するようになったら、いったい何ができるかっていうようなことをお考えになったらいいですよ。あなたがたは〃家畜《かちく》〃になりますよ。

斎藤　家畜になるんですね？

R・A・ゴール　うん。「人間という名の家畜」になりますから。

## 民主主義の前提は「各人が神仏の命を内に持っていること」

斎藤　大川隆法総裁は、「神のいる民主主義」が大事であるという「自由・民主・信仰」のお教えを説かれています。そうした未来像をつくるために、われわれへの指針等がございましたら、お教えいただければと思います。

R・A・ゴール　民主主義っていうのは、「人間の頭数《あたまかず》があれば正しい」というわけではありません。それだけで言えば、中華《ちゅうか》人民共和国も民主主義、〝中華人民民主主義共和国〟なんでしょうけれども、その「頭数」で言っているだけでなくて、その人その人が、それぞれ、「神仏の命」を、「まこと」を内に持っている人たちであること。それが「一票」なんですよ。それが一つの意見なんですよ。

だから、このへんのところまで深くやらないと、「十七、八世紀以降から始まっ

た近代化、哲学《てつがく》や科学、芸術の発展」のほうに〝逆転〟して、人間の精神的なものが奪《うば》われて、非常に皮相《ひそう》な〝薄《うす》っぺらい人間〟ばかりが数多く出来上がってくることになると思いますけれども。

それは、ある意味での巨大《きょだい》な「ノアの箱舟《はこぶね》」現象が起きることを意味しているので、われわれとしては、そこまで行く前に、この国、および、この世界を改めさせたいというふうに考えています。

綾織　ありがとうございます。

## 腐敗《ふはい》と虚偽《きょぎ》の上に建てられた中国は「今が革命のとき」

綾織　最後に一点、「神をどう捉《とら》えるのか」というところを教えていただきたいんですけれども……。こうした、いろいろな病気なり天変地異なりが起こってきますと、一見、地上の人間には大きな不幸が起こっているように見えて、神を恨《うら》むかもしれないような心境になる方も多いのではないかと思います。そうした人たちに対して、「どういうふうに神を捉えていけばいいのか」というところを教えていただければと思います。

R・A・ゴール　ですから、中国なんか、人口も多いし、「経済的発展」を最近の謳《うた》い文句《もんく》にしているわけで、「経済的に発展してお金持ちにさえなれば、この世は天国で、神も仏も要《い》らない」と、まあ、そういう考えですよね、基本的に。

これに対して、やっぱり、「人間としての基本的な道徳や価値観」っていうのは必要で、それを持った人が、経済的自由とか旅行の自由とか、あるいは職業の自由とかを持つことは、いいことであろうけれども、「根本的なところが欠けていて、一部だけに強い力を持っている」っていうことは、必ず、いびつな世界をつくることになる。

中国が世界を感化していい条件は、中国自体が、世界をリードできるような価値観を含《ふく》んだ人間を数多く育てること。かつての繁栄の時代に偉人《いじん》をたくさん生んだ国でもあるから、そういう中国であるならば、その影響力《えいきょうりょく》は世界に及《およ》んでもよいかもしれないけど、今、中国には偉人がいないんです。まったくいないんですよ。「毛沢東《もうたくとう》全体主義」一色《いっしょく》です。

地獄《じごく》の悪魔《あくま》になっている人がつくった国が、いつまでも繁栄してはいけないんで、「それが繁栄しているように見える」ということは、「悪魔（毛沢東）が悪魔だということを見抜《みぬ》けないでいる」ということでしょう。

だから、これは明らかにする必要がある。毛沢東は悪魔です。やったことを明らかにすべきです。国民に知らせ、世界の人に知らせるべきです。日本軍が全部やったように言っているけど、そうじゃないはずです。彼らが国をつくってから起きた悲惨《ひさん》な数々の行動には、（ナチス・）ドイツをも超《こ》えているものがあるはずです。

そうした「腐敗《ふはい》」と「虚偽《きょぎ》」の上に建てられた国は砂上《さじょう》の楼閣《ろうかく》であり、いつまでも繁栄してはならないので、一度、崩《くず》して、反省をさせ、基礎《きそ》をつくり直す必要がある。

革命のときです。「今が革命のとき」だと私は思います。

綾織　はい。革命のために、私たちは立ち上がり、戦ってまいります。ありがとうございます。

瞬間《しゅんかん》的な脅威《きょうい》が迫《せま》ったときには「時間を止められる」

R・A・ゴール　いちおう日本も護《まも》ってはいますからね。私たちは外敵から護っておりますので。

斎藤　ありがとうございます。

R・A・ゴール　「自衛隊のPAC《パック》-3《スリー》では護れない」と思っているものを護って

おりますから、そのへんは信頼《しんらい》していただいて構わないと思います。

あなたがたの技術ではとうてい無理なんですが、私たちの技術をもってしたら、時間を止められる。ほとんど、時間を止めるのと同じことができる。瞬間《しゅんかん》的な脅威《きょうい》が迫《せま》ったときに時間を止められるので、その間に調整をすることができます。

このへんのところでは、ひとつ、安心していただいて構わないとは思います。

## 「宗教の意味を探究したら、宇宙の真理の核心《かくしん》にまで届く」

R・A・ゴール　ただ、まだ三十パーセントぐらいしか説けていないし、「広がり」という意味では、まだまだ、はるかに足りていません。世界的にもまったく届いていませんし、国内的にも、今終われば、戦後の数多くの宗教の一つとして、短期間、記憶《きおく》され、忘れられるところで終わると思います。
ほとんどは、この弟子《でし》たちの悟《さと》りがまだ低いことと関係があると思いますけれども、もう一段、宗教の本当の意味に辿《たど》り着かねばならないと思います。

「宗教の意味を探究したら、宇宙の神秘、宇宙の真理の核心《かくしん》にまで届くんだ」と
いうことを知ることが大事だと思うんですね。エル・カンターレがそういう法を
説きたがっているけれども、「それを受ける器《うつわ》がまだないんだ」ということですね。
ええ。それを知ってください。

綾織　はい。

R・A・ゴール　まあ、今年は、「ザ・リバティ」が記事に困らないように、なる
べく〝騒《さわ》がしく〟していきます。

綾織　はい。本当にありがとうございます（笑）。恐縮《きょうしゅく》でございます。
私たちが、まずは目覚めます。

R・A・ゴール　だから、大川隆法が発信する意見をね、五千や一万の人が聴《き》いて、満足しているようでは、まったく駄目《だめ》なんですよ。新聞の一面記事よりもっと大事なことが言われているんですよ。「その大事なことを大事なこととして理解できない文化というのは、レベルが低い」と申し上げているんですよ。「悟れ」と言っているんですね。

「そのへんのところを弟子が理解していないんじゃや、ほかの人が理解するはずもない」ということです。

綾織　はい。しっかりと受け止めさせていただきます。

中国に「自分らの足元を照らしてみよ」と教えようとしている

R・A・ゴール　いちおう、「新型コロナウィルスの中心源は誰《だれ》か」ということを言いました。ただ、これは私単独のものではなくて、「中国自身が、そういう細菌兵器を研究している」ということを明らかにする意味も入っています。

そして、「人命に対して非常に希薄《きはく》な尊重《そんちょう》観しか持っていない」という実態を知らしめる必要があって、「自国民に対して、その程度の態度しか持っていない国が、世界のどういう国の人たちに責任を持つことができるのか。それらを食い尽《つ》くすイナゴの大群でしかないのではないか」ということを言いたいわけですね。

中国自身に、「自分らの足元を照らしてみよ」ということを、今、教えようとしているのです。

亡《な》くなられた方は残念ではあるけれども、十四億人中の数百人が亡くなられても、あの世でケアしますので、大丈夫《だいじょうぶ》です。早く死んだほうが天国に行きやすいんです、中国っていう国は。まあ、長生きすると、ますます地獄が長くなる国です。

斎藤　ありがとうございました。

R・A・ゴール　よろしいですか。

斎藤・綾織　はい。

R・A・ゴール　私は司令官の一人ですけれども、「宇宙から意見を言う」っていうのはそうとうなことですので、理解してくだされば幸いです。

綾織　はい。本日はありがとうございました。

## 9 霊査《れいさ》を終えて
### ――ゴールデン・エイジは厳しさ、苦しみから始まる

大川隆法 （手を二回叩《たた》く）はい。ということでございました。

これが広がっているうちは、まだ次は来ないだろうと思います。広がりが止まってきたら、次が……。

斎藤 次……。

大川隆法 何かが始まるかもしれません。「蓋《ふた》が開《あ》くかもしれない」ということですね。今年は忙《いそが》しいですね。

綾織　「厳しい、苦しみから始まる年」ということですから。

大川隆法　うん、うん。

だけど、「ゴールデン・エイジは厳しさから、たぶん、苦しみから始まるだろう」とは思っていました。流れを逆流させるんですから、それはそうなるでしょう。

だから、今、当たり前と思われている政治体系等も、考え方が変わっていかねばならないでしょうね。

斎藤　今年、『鋼鉄の法』を総裁先生から頂いています。『鋼鉄の法』をよく学んで、力強く前進してまいります。

大川隆法　はい。ありがとうございました。

『鋼鉄の法』(幸福の科学出版刊)

質問者一同　ありがとうございます。

# 第二部　二〇二〇年の世界情勢と覇権《はけん》主義国家への警鐘《けいしょう》

古来、釈迦《しゃか》のように悟《さと》りを開いた人には、人知を超《こ》えた六種の自由自在の能力「六神通《ろくじんずう》」（神足通《じんそくつう》・天眼通《てんげんつう》・天耳通《てんにつう》・他心通《たしんつう》・宿命通《しゅくみょうつう》・漏尽通《ろじんつう》）が備わっているとされる。それは、時空間の壁《かべ》を超え、三世《さんぜ》を自在に見通す最高度の霊的《れいてき》能力である。著者は、六神通を自在に駆使《くし》した、さまざまなリーディングが可能。

本書に収録されたリーディングにおいては、霊言《れいげん》や霊視《れいし》、「タイムスリップ・リーディング（対象者の過去や未来の状況《じょうきょう》を透視《とうし》する）」「リモート・ビューイング（遠隔透視《えんかくとうし》。特定の場所に霊体《れいたい》の一部を飛ばし、その場の状況を視《み》る）」「マインド・リーディング（遠隔地の者も含《ふく》め、対象者の思考や思念《しねん》を読み取る）」「ミューチュアル・カンバセーション（通常は話ができないような、さまざまな存在の思いをも代弁して会話する）」等の能力を使用している。

# 第1章　メタトロンのメッセージ

——ＵＦＯリーディング㊶——

二〇二〇年一月二日　収録

幸福の科学　特別説法堂《せっぽうどう》にて

メタトロン

射手《いて》座・インクルード星の宇宙人。イエス・キリストの宇宙の魂《たましい》（アモール）の一部。六千五百年ほど前にメソポタミア地方に生まれた。光の神の一人。

質問者

大川紫央《おおかわしお》（幸福の科学総裁補佐《ほさ》）

［役職は収録時点のもの］

## 1　二〇二〇年は全体主義に大きな楔《くさび》を打ち込《こ》む

### 去年に引き続き、「新年の挨拶《あいさつ》」に来たメタトロン

大川隆法　二〇二〇年一月二日夜、十時前ぐらいです。たぶん……。

大川紫央　品川《しながわ》の方向ですか？

大川隆法　品川の上空ぐらいですかね。強い光を放つものが現れています。ほかにも星はいっぱい見えるんですけれども、星とは違《ちが》って、これはちょっと、意志を持っているような光が出ているので、違うものである可能性が高いかと思います。

では、話しかけてみます。

今、港区《みなと》上空で強い光を放っているものよ、港区上空で強い光を放っているものよ。あなたがたは、天体ではない、意志を持った存在でしょうか。どうでしょうか。

（約五秒間の沈黙《ちんもく》）

※以下、「 」内のゴシック体の部分は、大川隆法がリーディングした宇宙人の言葉である。

大川隆法　「新年のご挨拶《あいさつ》に来ました」と言っています。

**本収録動画に映ったメタトロンのUFO**

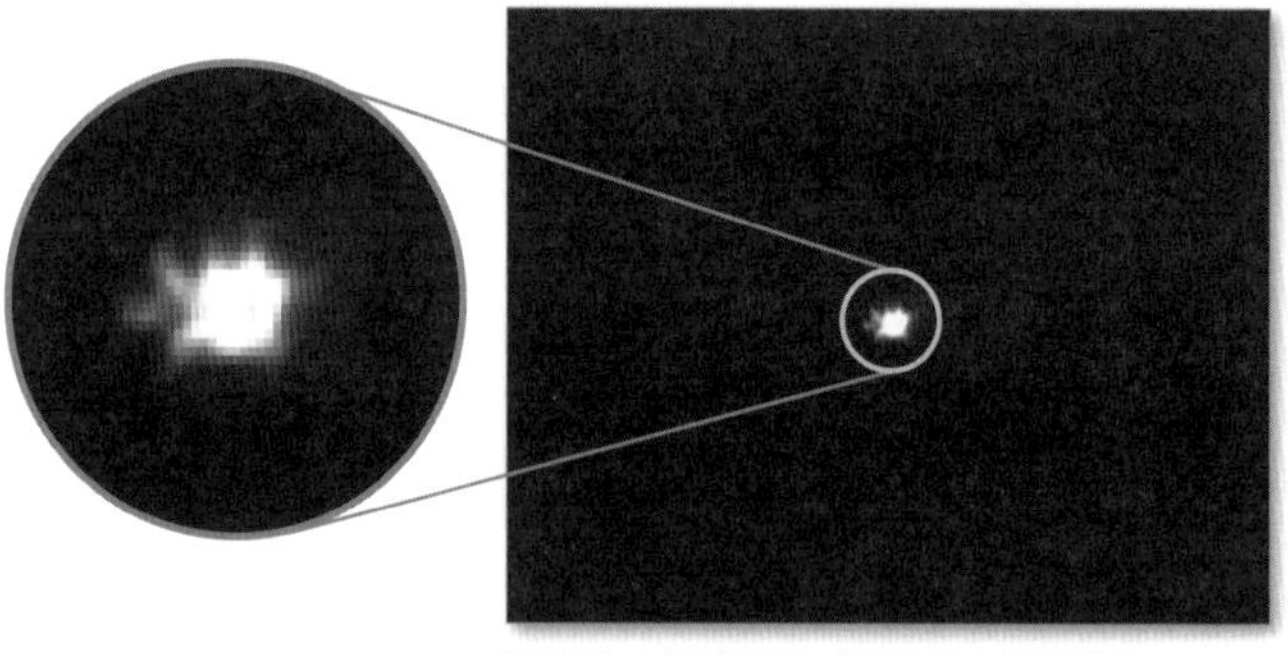

発見者：大川隆法／撮影者：大川紫央
1月2日 22：14／東京都（左は拡大写真）
※カバー袖にカラー写真を掲載。

大川紫央　何星の方ですか。

大川隆法　「メタトロンです。すみません。メタトロンです。●また今年もメタトロンで」。

大川紫央　はい。昨年も本当にお世話になりまして、ありがとうございました。

大川隆法　「すみません。今年も頑張《がんば》るつもりで、誓《ちか》いを述べに来ています」。

今年は、「戦争が始まるかどうか」という年

大川紫央　テレビ番組の「やりすぎ都市伝説」で、イエス・キリスト様はヒューメイリアン……。

●また今年も……　メタトロンは2019年1月1日にも、年初の挨拶をしに現れていた。『メタトロンの霊言』（幸福の科学出版刊）参照。

大川隆法　「うーん。ヒューマンと宇宙人の合いの子みたいなことを言っていたんですか」。

大川紫央　はい。

大川隆法　「われわれは、宇宙にも足場を持っていることが多いので、まあ、両方ですね。エル・カンターレだって、きっとほかの宇宙まで持っていますから。全部をつなげるのは、なかなか難しいだろうと思いますけどね。使命は、地球を超《こ》えているんですよ、本当に。

私なんかも、その一人でして。だから、イエスは今、地球人的な指導をやっておりますけれども、私は宇宙のほうとも関係があって、今は、地球を指導する用があるので、ちょっと力を強めてきている段階ですね」。

大川紫央　ありがとうございます。

大川隆法　「今年も頑張らないとね。まだまだ海外に、強い力で応援《おうえん》しなければいけないし、今年は『戦争が始まるかどうか』ということもあるし、オリンピックもあるし、日本の政局も分からないし、湾岸《わんがん》とアジアと二カ所、発火点がありますし、ロシアもどういう動きをするか油断ができないところもございますから、しっかりと舵取《かじと》りをしなければならないと思っています」。

大川紫央　はい。

大川隆法　「何か質問でもあったら答えますけど。新春挨拶なので」。

## 全体主義の勢力は、宇宙的な闇《やみ》の勢力から力を受けている

大川紫央　二〇二〇年、メタトロンさんの、「こうあってほしい」と思う目標といいますか、地球への見方は……。

大川隆法　「少なくとも、地球における全体主義の勢力というのは、明らかにですね、宇宙的な闇《やみ》の勢力からの力を受けているので、地球人だけの戦いでは終わらないと思っています。背後には、私たちの『地球をどう防衛するか』という考え方が入ってはいるんです。

だから、『今年は、そうした全体主義的な覇権《はけん》に大きな楔《くさび》を打ち込《こ》む年だ』というふうに思っています」。

大川紫央　それがゴールデン・エイジの始まりにもなる。

大川隆法　「そうです。だから、どこまで行くかは分かりませんが、とにかく、北《きた》朝鮮《ちょうせん》、韓国《かんこく》、中国、香港《ホンコン》、台湾、日本あたりもですし。まあ、昔の私がいたところは、チグリス・ユーフラテス流域のほうの、イラク、イランあたりですけれどもね。このあたりも、けっこうきな臭《くさ》いので、『今年をどう運営するか』について指導したいというふうには思っております。

ただ、私たちは、やっぱり、『愛と美と調和、平和の支配する国・地球』というのは護《まも》り続けたいと思っていますので、古典的な、『独裁者による専制政治』や、そういう『全体主義的な人民の弾圧《だんあつ》』は、断じて、地球のあり方としては許さないという気持ちでおります。

まあ、『地球人同士の戦い』ではありません。『宇宙も含《ふく》めての戦い』が入っています。だから、アーリマン●の勢力等に、これ以上、地球を支配させることは許さないつもりでおります」。

●アーリマン　ゾロアスター教に出てくる悪神。善神オーラ・マズダと対立関係にある。また、幸福の科学の宇宙人リーディングのなかで、悪質宇宙人たちが信奉する「宇宙の邪神」であることが明らかになった。『地球を守る「宇宙連合」とは何か』（幸福の科学出版刊）等参照。

大川紫央　なるほど。

闇《やみ》宇宙とつながるワームホール・ポイントとは

大川紫央　アーリマンは、何星出身というのはあるんですか。

大川隆法　「うん、まあ、出所《しゅっしょ》は、言うと難しいですけどね。

だけど、今言われている『パラレルワールド』という世界が一つあるので、こちらのほうから出入《でい》りできる勢力が一つあると思うんです。宇宙の世界にも、もう一つ、『表宇宙と裏宇宙』があることはあって。だから、地球に天国と地獄《じごく》があるように、宇宙にも天国と地獄があるんですよ。

それで、裏宇宙のほうから、ときどき、何て言うか、出てこられるワームホール・ポイントがあって、そこから出てくるんですね。ええ」。

大川紫央　ワームホール・ポイントというのは、どうしたら裏宇宙とつながる空間ができるのか、秘密とかがあるんですか。

大川隆法　「うーん、まあ、それは難しいですけれども、やっぱり、彼らの地球的な、何て言うかな、〝霊的《れいてき》な震源地《しんげんち》〟があるところあたりに開きやすいですねえ」。

大川紫央　では、地球で言えば、中国の上空とか、今の指導体制のなかに、それに通じる思いがあるところ……。

大川隆法　「うん。前の戦いでは、ヒットラーの時代も、途中《とちゅう》からそっちからも入っていると思いますし、ヒットラーを潰《つぶ》したあとは、今度はソ連のほうにも入ったし、次は中共に移動したし。まあ、けっこう移動して、いろんなところに入って、入れるところに入っていくんで。敵味方のところ入り乱れて、順番に潰しに入ってくる。混乱を起こそうとして、地球の秩序《ちつじょ》を壊《こわ》そうとしているんですよね。
だから、日本も大変な年にはなるかとは思いますけれども、やっぱり、あなたがたは、基本的な信念というか、基調は貫《つらぬ》いてください。
今、『唯物論《ゆいぶつろん》的な勢力』というのは、結局、そういう闇《やみ》を隠《かく》す非常に強い手法ではあるので。闇の勢力なんか存在しないように見せるのには非常に強いことだし、テクノロジーそのものはどちらとでも結びつくところがあるので、実に難しいですね。うん」。

大川紫央　なるほど。

大川隆法　「まあ、多少、今年も力が要《い》るなあと思ってますよ」。

大川紫央　そうですね。

大川隆法　「だから、いやあ、あちらのほうも、中国とイランと、またロシアとか北朝鮮のところが結びついていきそうな雰囲気《ふんいき》が出ていますので、これを破らなければいけないんで」。

大川紫央　なるほど。

## 2　インクルード星について訊《き》く

今日のＵＦＯは「お正月のコマ」のような形

大川紫央　今日は、夜空で、ひときわ大きな光を放たれていました。

大川隆法　「そうですねえ。大きいですね。ほかの星より、はるかに大きいでしょう」。

大川紫央　はい。

大川隆法　「近くにいるからなんですよ」。

大川紫央　あっ、なるほど。

大川隆法　「わりに近いところにいるんですよ。ここの撮影《さつえい》場所から直線距離《きょり》で見て、一、二キロのところぐらいにいるので、まあ、品川《しながわ》駅の向こう側ぐらいですかね。その上にいます。上空にいます」。

大川紫央　ちなみに、今日のＵＦＯは、大きさはどのくらいですか。

大川隆法　「今日のＵＦＯはですねえ、お正月のコマのような形をしています」。

大川紫央　はい。大きさは？

大川隆法　「大きさはですね、円形のところの直径は三十メートルぐらいで、深さが十五メートルぐらい。それから、上側にちょっと五メートルぐらい、緩《ゆる》やかな、何て言うか、うーん、緩やかな甲板《かんぱん》みたいになっていて、中心部分に、正月のコマみたいに、若干《じゃっかん》、通信可能なアンテナみたいなものが立っています」。

大川紫央　ほおー。なるほど。何人乗りですか。

大川隆法　「今日は十五人乗りです」。

大川紫央　はい。

## インクルード星にも記念日はある

大川紫央　すみません、重要なお話のときではあるのですが、インクルード星には、お正月みたいなものはあるんですか。

大川隆法　「ハハッ（笑）」。

大川紫央　（笑）ちょっと気になっていて。

大川隆法　「それは、あのねえ、地球は一年、三百六十五日ですが、星によって年《ねん》の周期が違《ちが》うため、同じようにはいかないですね」。

大川紫央　違いますよね。

大川隆法　「まあ、お祭り事《ごと》はほとんどのところにありますけど、それぞれに別な意味を持っているので。うーん、どうでしょうかね。
まあ、私なんかの記念日もあることはあるんですが（笑）」。

大川紫央　なるほど。

大川隆法　「インクルード星にも記念日はあります。ありますけれども、それは、あなたがたに言ってもしかたがないことかなあと思いますが。私の『凱旋《がいせん》記念日』というのがあることはあるんですけどね（笑）」。

大川紫央　ほおお。

大川隆法　「ええ。まあ」。

大川紫央　その意味は、誕生日とかですか。

大川隆法　「うーん、まあ、『地球で一定の成果を収めて帰ってきた』というときがあるんでね」。

大川紫央　そのときは、待ち受けてくれているんですか。

大川隆法　「そう、そう。いちおう、歓迎《かんげい》の、何て言うか、デモンストレーションみたいなのをやってくれるときもありますよね」。

## 古代から地球の様子を克明《こくめい》に撮影《さつえい》してきた

大川紫央　では、インクルード星の星の方々も地球を知っていて、「地球でメタトロン様がいろいろと力を貸している。与《あた》えている」ということについても、みな応《おう》援《えん》してくれているんですか。

大川隆法　「私たちが撮影《さつえい》しているものなんかは、向こうでも上映されているので」。

大川紫央　ああ。

大川隆法　「ドキュメンタリー」。

大川紫央　地球の映像を、今度は向こうで流してくださっているんですね?

大川隆法　「そう、そう。もう、メタトロンとして古代のメソポタミアに生まれた時代にも、私たちはＵＦＯを使っていたし。それから、イエスが活動していたときも、やっぱり、上空から撮影はされていたし。
まあ、今もそうです。今も、克明《こくめい》に撮影はしていますね」。

大川紫央　おおー、なるほど。そういう行き来があるということですね。

大川隆法　「ええ。まあ、人間として生きていくうちに、あなたがたも、毎年毎年、たいへん厳しい経験を積んでいるとは思うんですけどね」。

いよいよ、「スター・ウォーズ」の世界が始まろうとしている

大川隆法　「でも、ちょうど、今日のテレビでやっていたようですけど、あなたが

たが十年ぐらい前からね、宇宙のことについて本を出したり、霊言《れいげん》したり、リーディングをやったりね、公開し始めたあたりから、水面下ではずいぶん広がっていて。常識化？　〝UFO後進国〟〝宇宙後進国〟の日本がね、今、そうでなくなってきつつあるようになっていますね。だんだん当たり前になってきて。

今年（二〇二〇年）は、米軍がね、宇宙部隊をつくるので、日本も、『自衛隊にも宇宙部隊をつくって、一緒《いっしょ》に月へ有人飛行しよう』と言っている。これは、中国への牽制《けんせい》を兼《か》ねているんですけどね。まあ、『次の舞台《ぶたい》は宇宙だ』と見ているので。『月の争奪《そうだつ》戦』あたりが次の戦いになる。

『月に基地をつくって、そこから発進して、本当に地球を攻撃《こうげき》できる』という宇宙人みたいなことを考えている人たちもいるので、いよいよ、陣地《じんち》をつくらなければいけないということになってきておりますね。

だから、〝宇宙〟は、いよいよもう、あなたがたが生きている間に始まりますよ。『スター・ウォーズ』の世界ですね、本当に」。

大川紫央　なるほど。露《あら》わに。

大川隆法　「始まります。そうしたら、私たちの出番はもっと増えますからね。今は、まだあんまり干渉《かんしょう》しすぎてはいけないところなんです」。

大川紫央　いつか、実際にお会いできるような日が、私たちが死ぬ前に来ますか？

大川隆法　「あのねえ、そうだねえ、幸福の科学が、もう一段、何だろうかなあ……、世界的宗教としての佇《たたず》まいを持てるようになって、あなたがたの言うことが、何か……。そう、記念日にね、大勢を集められるような広場とかがあって、そういうところに降りても大丈夫《だいじょうぶ》なようなね、そういう施設《しせつ》までできるようになれば、降りられる可能性はあります」。

大川紫央　なるほど。頑張《がんば》らなければいけませんね。

大川隆法　「伊勢神宮《いせじんぐう》ぐらいのね、境内地《けいだいち》と、そういう教団の基地を持つぐらいになれば、私たちは降りることはできます。

ただ、今の、一般《いっぱん》市民がいっぱい使っていたり、旅客機が飛んだり、自衛隊が来たりするようなところだと、ちょっと難しいので。そういう、ある程度の安全性は必要なんですね」。

大川紫央　うーん、なるほど。

大川隆法　「HSU（ハッピー・サイエンス・ユニバーシティ）なんかも、私たちを撮《と》りたがっていると思うんだけど、まだちょっと、全体の指揮命令系統がきっちりとできていませんのでね。今、総裁のほうにだけ、〝挨拶《あいさつ》を送っている〟んですけどね」。

中国にもう一度、宗教を流行《はや》らせなければいけない

大川紫央　近年、総裁先生のお話も、政治のお話が多くはなっているけれども、やっぱり今年も、そこと、宗教とか霊的なこと、唯物論《ゆいぶつろん》に対抗《たいこう》する霊性革命とを、同時並行《へいこう》でやらなければいけないということですね。

大川隆法　「やっぱり、負ける側になったらいけないのでね。それで、政治と経済が一緒になってくるでしょ？　特に、今年は台湾《たいわん》、もうすぐです。台湾、それから香港《ホンコン》、ここに対してどうするか。まあ、アメリカも組んで、あと、ヨーロッパのほうとも連携《れんけい》して日本がどうするか。

日本は今、いちばんいいかげんな意思決定をしていますので、ここをちょっと、

しっかりさせないといけないところですね」。

大川紫央　中国の今の全体主義的な体制だと、「人間一人ひとり、みんな魂《たましい》があって、神仏の子で、仏性《ぶっしょう》があって」というところが、そもそも踏《ふ》みにじられてしまうということですものね。

大川隆法　「うん。もうほとんど、あれではクローン人間化されているのと変わらないですよね。今のままではね」。

大川紫央　何か、そういう意味でも、ちゃんと霊的なことを知る人たちが増えて……。

大川隆法　「そう、そう」。

大川紫央　政治も人の統治のシステムの一つなので、その上で、それに基《もと》づいた政治がなされていく国が増えないと……。

大川隆法　「うん。そう、そう」。

大川紫央　地球としては、地獄《じごく》がどんどん広がるということですね。

大川隆法　「中国も、儒教《じゅきょう》や道教、それから仏教の非常に栄えた時代があったのでね。唐《とう》の時代にも、仏教が栄えた時代はありましたから、『もう一回、逆輸入して、今度、それを流行らせなければいけない』と思っていますよ」。

大川紫央　なるほど。

大川隆法　「まあ、キリスト教も、もちろん頑張りますけどね」。

大川紫央　はい。

大川隆法　「香港だってキリスト教の人ばかりじゃなくてね、仏教や道教も、けっこう何十パーセントもいますからね。そういうところにも届けなければいけないし、インドも、次、つくらなければいけないんで。インドがもうちょっと、もう一段、宗教大国として先進国の仲間入りをするところまで、また面倒《めんどう》を見なければいけないとも思っていますけどね」。

大川紫央　はい。分かりました。

## 3　メタトロンから地球人へのメッセージ

「地球の最終判定者はエル・カンターレである」

大川隆法　「何か訊《き》きたいことあれば、言っておきますけど」。

大川紫央　ちょっと待ってくださいね。すみません。ＵＦＯが動いているので。

大川隆法　「ああ、動いていますから。はい」。

大川紫央　カメラもちょっと動かします。

大川隆法　「ああ、今、動いているんですよ」。

大川紫央　右上に動いていらっしゃる。

大川隆法　「はい、そうです」。

大川紫央　止めました。

大川隆法　「動いています。はい」。

大川紫央　では、地球人に今年のメッセージを。

大川隆法　「メッセージ？」

大川紫央　はい。最後に。

大川隆法　「うん。やっぱりねえ、地球のみなさんに言いたい。

愛は不滅《ふめつ》です。

あなたがたの信仰《しんこう》は、神を立てる信仰は、愛を基礎《きそ》としています。

だから、『神を信仰し、愛を地上に広める』という活動が、『間違《まちが》った弱いメッセージだ』というふうに理解されないことは、とても重要です。

『人間を道具としたり、あるいはロボット代わりに使うような、そういう政治が蔓延《まんえん》することは断じて許さない』というのは、私たちの姿勢です。

だから、アジアでの緊張《きんちょう》、これから北朝鮮《きたちょうせん》、台湾《たいわん》、香港《ホンコン》がどうなるか。今年、大きな山場が来ると思いますし、イランのところも、調整するか、あるいは改革を強制するか、戦いはあると思いますけど、最終判定者はね、地球ではエル・カンターレだと私は思っています」。

大川紫央　はい。それはそうですね。

大川隆法　「私たちの意見もありますが、最終判定者はエル・カンターレだと思っているので。地球に責任があるのはエル・カンターレなので、エル・カンターレの考えで最終的には私たちも決断します。

宇宙からの介入《かいにゅう》は可能です。

ただ、まだ全面的に介入できるところまでは、今は行っていませんので、地球の指導者たちにメッセージを送ることで方向を示すのが仕事です」。

大川紫央　なるほど。

「台湾《たいわん》・香港《ホンコン》で、地球の運命が変わる可能性がある」

大川紫央　メタトロン様は、こうやって総裁先生と交流もなされるじゃないですか。

大川隆法　「うん、うん、うん、うん」。

大川紫央　それ以外にも、実はエル・カンターレと交流されている？

大川隆法　「うん？」

大川紫央　エル・カンターレと、日々交流されていたりしますか、霊的《れいてき》に。

大川隆法　「日々ですか」。

大川紫央　日々というわけではない？

大川隆法　「まあ、日々ということはありません。やっぱり、大きな仕事があるときには近づいてきて協力していますけど、いつもというわけにはいかないので、分担してやっています。

ただ、去年の仕事？　台湾《たいわん》からの仕事の残りが、まだ今年ありますのでね。香港《ホンコン》・台湾で、やっぱり地球の運命が変わる可能性があるので」。

大川紫央　ああ……。本当に大きいんですね。

大川隆法　「これは、私が強く押《お》さないといけないと思っています。

まあ、やるしかないですね。救世主がね、信念をぐらつかせてはならないので、その点は頑張《がんば》りたいと思っています。
やっぱり、『何が正しいか』をはっきりと言うことは大事なことだと思います。日本の、このクラゲのようにグニャグニャしているのは、変えていきたいなと思っています」。

大川紫央　はい。本当にありがとうございます。

## 今年は世界にいろいろな変動が起こる可能性がある

大川紫央　今年は日本以外では、イギリスとアメリカへ巡錫《じゅんしゃく》に行く予定です。

大川隆法　「ああ、イギリスとアメリカね。
でも、もしかしたら、それ以外の国にも行かなければいけないことが起きるかも……。まあ、そういうこともあると思います」。

大川紫央　なんと。For《フォー》 example《イグザンプル》.

大川隆法　「ハハハハ（笑）」。

大川紫央　（笑）まだ分からないですか。

大川隆法　「例えば、韓国《かんこく》とかもありえる。行かなければいけないかもしれません
し」。

大川紫央　ああ……。

大川隆法　「台湾だって行かなければいけないかもしれないし。タイとかも、行く

チャンスが、もしかしたらあるかもしれませんが」。

大川紫央　おおー。では、それだけ、世界にいろいろな変動が起こる可能性がありうるということですね。

大川隆法　「ああ、アジア圏《けん》も見張らなければいけないし、イランだって『ない』とは言えない」。

大川紫央　おお。

大川隆法　「イランだって、本当に戦争になるという場合は、やっぱり、向こうから接触《せっしょく》を求めてくることもありえますので」。

大川紫央　本当は戦争ではなくて、アメリカとイランとが、話し合いの場を持てる段階が来ればいいですよね。

大川隆法　「だから、もしかしたら、イランの大統領やアメリカの大統領とも会う機会が出てくる可能性もあります」。

大川紫央　なるほど。

## 「救世主の自覚」は、仕事の大きさ・実績で変わっていく

大川隆法　「まあ、ちょっと教団がねえ、まだ全体的に、力がもう一段強くないので。特に政党が、選挙に備えて〝弱い〟。力がね、弱いので。

宇宙的には、ちょっとここの部分を、どうにかしたいところなんですけれどもね。

まあ、イエスも政治的にはそんなに優位は取れなかったんでね、そんな簡単では

ない。古い勢力になかなか打ち勝てないんでね。

まあ、病気が治ったところで投票したりするわけでもないしね。予言が当たったからといって、選挙の票が増えたりもしないしね。極《きわ》めてこの世的な人たちが、この世的な利益を求めてやっていますのでね。

でも、『救世主としての自覚』を高めることは、やっぱり、やっている仕事の大きさ、実績によって変わっていくと思います。まだ最終段階までは行っていないと思います。

まあ、セブンス・センス、第七感、宇宙人と交流できる第七感レベルまで行っているのはそのとおりですけれども、『宇宙的な意味におけるメシアの自覚』が、やっぱり必要だと思いますね」。

大川紫央　なるほど。宇宙的意味も持っている総裁先生のご活動であると。

大川隆法　「うん。だから、地上のね、幸福の科学の戦力がまだ弱い。弱くて、まだそこまで行けないでいるというところかな。
まあ、私たちがあまり本気で言いすぎると、激しすぎることがあるので、ちょっと遠慮《えんりょ》はしているんです」。

大川紫央　すみません。

大川隆法　「地球的な指導霊たちの調整を通さないと、激しすぎることがあるので」。

大川紫央　分かりました。

大川隆法　「まあ、今年もやりますから、ということです。
また別の日に、ヤイドロンさんも挨拶《あいさつ》に来るでしょう」。

大川紫央　はい。本当に、日々、感謝しております。ありがとうございます。

大川隆法　「はい。正月は私が来ているということですね」。

大川紫央　はい。ハッピー・ニュー・イヤー。今年もよろしくお願いいたします。

大川隆法　「はい、よろしくお願いします」。

大川紫央　ありがとうございました。

# 第2章　R・A・ゴールのメッセージ

——UFOリーディング㊷——

二〇二〇年一月三日　収録

幸福の科学　特別説法堂《せっぽうどう》にて

R・A・ゴール

こぐま座アンダルシアβ《ベータ》星の宇宙人。宇宙防衛軍の司令官の一人であり、メシア（救世主）資格を持つ。

質問者

大川紫央《おおかわしお》（幸福の科学総裁補佐《ほさ》）

［役職は収録時点のもの］

## 1　東京上空の低い位置に現れた「強い光」

大川隆法　南西方向ですね。東京都港区《みなと》、極《きわ》めて低空に、すごく強力な、強い光が出ています。ここまで低く、強いのが出てくるのは珍《めずら》しいです。昨日《きのう》は、この位置には、何もありませんでした。ほかにも、上空には、小さいけれども、動いているものは何機か見えていますが、ほかのものは小さいです。もっとずっと小さくて、これだけ、低くて、すごく強い光を放っています。

（約五秒間の沈黙《ちんもく》）映りますか？

**本収録動画に映ったR・A・ゴールのUFO**

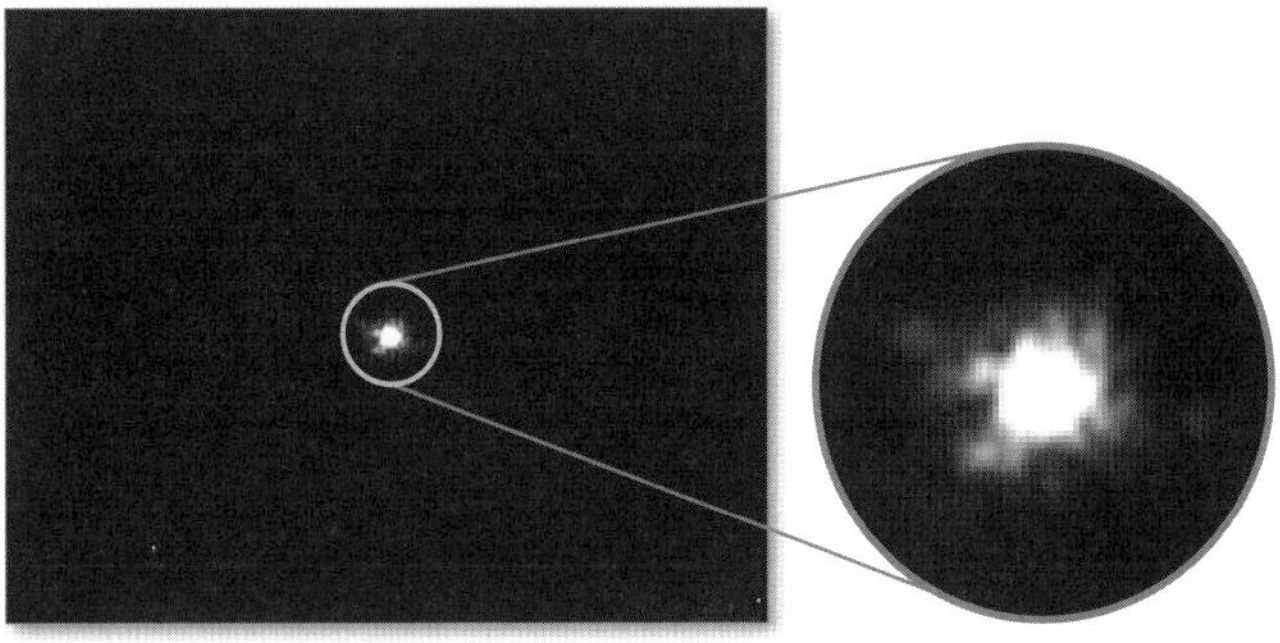

**発見者：大川隆法／撮影者：大川紫央**
**1月3日18：03／東京都（右は拡大写真）**
**※カバー袖にカラー写真を掲載。**

大川紫央　さっき映っていたんですけれども、ちょっとお待ちください……。

大川隆法　動くかもしれないから、植え込《こ》みの陰《かげ》に隠《かく》れるかもしれない。もうちょっと上に上がってくれたほうが映るんだけどなあ。無理かなあ。

大川紫央　植え込みに……。

大川隆法　引っ掛《か》かるかもしれない、これは。

大川紫央　あっ、捉《とら》えました。

大川隆法　捉えた？

大川紫央　はい。

大川隆法　では、短いうちに、ちょっと話をしましょうか。

大川紫央　ちょっとズームします……。

（約十秒間の沈黙）はい。

大川隆法　はい。港区上空、極めて低い位置です。

今、夕方の六時になる直前で、一月ですので、周りはもう真っ暗です。今日は一月三日ですかね。三日の夕方、六時少し前ぐらいですが、低いところに、極めて強い光を放つものが。大きいです。大きいもので、「こんな大きな星があってたまるか」という感じですね。

上空には、小さい星は点々とあって、そのなかにも一部動いているものもあるから、UFOがいるかもしれませんが、この低いやつは、意図を持って、強い意志を感じるので……。

大川紫央　異様な明るさですね。

大川隆法　はい。話をしてみたいと思います。撮《と》れる時間は、そう長くないかもしれません。植え込みがあるため、隠れる可能性が高いので。

はい、そこで、極めて低い位置で、強い光を放っているものよ。どちら様でしょうか。お願いします。

（約十秒間の沈黙）

## 2　二〇二〇年の厳しい始まりを予言する

「中国に、信じられないようなことが幾《いく》つか起きる」

※以下、「　」内のゴシック体の部分は、大川隆法がリーディングした宇宙人の言葉である。

大川隆法　ちょっと違《ちが》う、予想していたのとは違う。

「〝R・L・グール〟という者ですけど」と。

大川紫央　あっ。

大川隆法　いた？　そんな人。

大川紫央　R・A……、いたと思います。

大川隆法　「R・A・グール」と名乗っている。「R・A・グールだ」と言っている。

大川紫央　ちょっとお待ちを。

（約二十五秒間の沈黙《ちんもく》）（質問者注。過去のUFOリーディング資料を調べている）

うーん。R・A・グールさん、確か前にいらっしゃいましたよ。

大川隆法　ああ、そうですか。

これは、もう、まもなく映らなくなると思うので……。

●確か前にいらっしゃいました……　2018年9月16日および10月21日収録の「UFOリーディング」に登場。「ミスターR」「マスターR」とも。『「UFOリーディング」写真集―謎の発光体の正体に迫る―』（幸福の科学出版刊）参照。

大川紫央　では、メッセージをお願いします。

大川隆法　はい、メッセージをお願いします。どういうメッセージを……、何か言いに来ましたでしょうか。お願いします。

（約五秒間の沈黙）

「まもなく中国軍の攻撃《こうげき》が起きると思います」と言っています。

大川紫央　どこに対してでしょうか。

大川隆法　「どこに対してといっても、まあ、国際的に分かるような、威嚇《いかく》するかたちでの攻撃が始まると思います」と言っている。

「攻撃するのは、香港《ホンコン》か、台湾《たいわん》、両方か、あるいは、尖閣《せんかく》あたりまで。この周辺ですね。米軍が何もできないようにするのと、同時に、北朝鮮《きたちょうせん》も何らかの威嚇的態度を示すと思います」と。

「今年は、年初から、極《きわ》めて厳しい始まりがあるのではないかと思います」。

大川紫央　なるほど。

大川隆法　「あちら側の意図は、『どうしてもひざまずかせる』ということで。『国際社会がどれほどのものだ。国際社会を力ずくででもひざまずかせる』という意図が、ものすごくはっきり出てくると思うんです。

日本はまもなく……、今、正月ののどかな気分でいるけれども、またしても、サイレンが鳴るような時代が来る可能性が高いですね。オリンピックが開けるかどうか、ちょっと分からないような感じになるかもしれません。

引き締《し》めてかからないと、今年は、そんなに甘《あま》いものではないと思います」。

大川紫央　なるほど。
今日は、今年の見通しを教えに来てくださったのでしょうか。

大川隆法　「あと、私たちの一部もですねえ、威嚇……、こっちも、宇宙からですけれども、威嚇行動を起こすつもりであるので。中国に威嚇行動を起こしますので。ええ。ちょっと信じられないようなことが、幾《いく》つか起きると思います」。

大川紫央　なるほど。

大川隆法　「はい。神を信じていない彼らに、天変地異とも見えるが、神意とも見えるようなことを、これから起こしますので。そのへんは緊張《きんちょう》して見ていてください」。

大川紫央　はい。

「安倍《あべ》首相ができなかったことのツケ」が一気に出てくる

大川隆法　「日本の国論を、間違わず正しい方向に導いてください」。

大川紫央　はい。

大川隆法　「私たちの結論としては、習近平《しゅうきんぺい》を国賓《こくひん》として春に招くなんてことは、してはいけません。それをさせるために、力ずくでもデモンストレーションするのが彼らの性格です」。

大川紫央　はい。

大川隆法　「世界を正しいほうに導かなければなりません。トランプさんは、やっぱり、今、湾岸のほうに力を注ぐよりは、こちらのアジアの危機のほうに力を注がなければならないと考えています。（中国は）極めて危険なことを考えていると思います」。

大川紫央　なるほど。

大川隆法　「今、中国南岸にミサイル基地をいっぱいつくっているんですけれども。尖閣諸島に中国公船がいっぱい来ますが、それとミサイル攻撃が同時にできるように準備を進めていますので。まもなく、『脅《おど》して屈服《くっぷく》させる』という、昔のスタイルですね、本当に元寇《げんこう》時代のスタイルが再現されると思います」。

大川紫央　はい。

大川隆法　「私の上空を今、飛行機が飛んでいますけれども、まあ、こんな平和な時代はそう続かないと思いますよ。ちょっと、引き締めないと間に合わないかもしれませんね」。

大川紫央　うーん。

大川隆法　「日本はおそらく『桜を見る会』だとか、オリンピックだとかを開催《かいさい》できることばっかり考えて、景気がよくなればいいなみたいなことばっかり考えると思いますけれども、それよりももっと緊急なことで、できなかったこと？　安倍《あべ》首相がぐずぐずしてできなかったこと。憲法の改正もできず、ロシアとの平和条約も結べず、イランのところも収めることができなかったこと。そして、香港に対しても何も言えなかったこと。台湾に対しても何もできなかったこと。これらのツケがいっぺんに出てきます」。

大川紫央　うーん。

大川隆法　「うん。だから、危機はわりあい近い段階で起きると、私は考えています」。

大川紫央　分かりました。

中国の動きに対して、「宇宙からも一部介入《かいにゅう》をかける」

大川隆法　「あなたがたは、地上のほうでは、力的にはほぼ皆無《かいむ》に近いと思うので。私たちが宇宙からも一部介入《かいにゅう》をかけますので、それが何であるか、よく見てください」。

大川紫央　はい。

大川隆法　「まあ、われわれも、古代から『神』といわれているものの一部は形成している者です。はい」。

大川紫央　メタトロン様たちとも仲間なのでしょうか。

大川隆法　「ああ、いちおう連絡《れんらく》は取り合っています。ただ、メタトロンさんたちは、攻撃まではしないと思います」。

大川紫央　はい。

大川隆法　「ただ、私たちは今、その準備をしています」。

大川紫央　R・A・グールさん。R・A・1《ワン》と同じ……。

大川隆法　「R・A・ゴール」。

大川紫央　R・A・ゴール。はい。ちなみに……。

大川隆法　「まあ、いちおうhidden name《ヒドンネーム》（秘《ひ》せられた名前）なんですけど。はっきりと名前を表すことはできませんけれども、宇宙の防衛軍のなかの司令官の一人です」。

大川紫央　はい。
ちょっと今、ＵＦＯの光が木にかかってきてしまって……、すみません。

大川隆法　「ああ、もう見えなくなりますかね」。

大川紫央　では最後に、今日のＵＦＯは、すごく大きいか近いかだと思うのですけれども、形といいますか、光がすごいんですが。

大川隆法　「これは今、全長七十メートルぐらいのＵＦＯで」。

大川紫央　七十メートルぐらい。

大川隆法　「そうですね。まあ、やや大型、いや、中型から大型の中間ぐらいですが、実は攻撃用のUFOなんです」。

大川紫央　ああ、そうなんですか。

大川隆法　「ええ。ここからまた小型機、数メートル程度の小型機が数機は出られるようになっていて、私たちが今、考えているのは、その中国南岸にあるミサイル基地、ここから台湾、それから香港威嚇、あるいは日本の尖閣あたり、沖縄《おきなわ》のへんに向けて威嚇のミサイル弾《だん》を発射するようなら、中国のミサイル基地を破壊《はかい》することも考えています」。

大川紫央　はい。

大川隆法　「はい。今はちょっと警戒《けいかい》態勢に入っていますので。

まあ、伝えたいことは、そういうことです」。

大川紫央　分かりました。本当に貴重な指針をありがとうございました。

大川隆法　はい。ありがとうございました（手を一回叩《たた》く）。ヤイドロンさんではなかったですね。

（注。R・A・ゴールの戦艦《せんかん》UFOは、撮影《さつえい》の一時間半後、どこにも見えなくなった）

「霊言現象《れいげん》」とは、あの世の霊存在等の言葉を語り下ろす現象のことをいう。これは高度な悟《さと》りを開いた者に特有のものであり、「霊媒現象《れいばい》」（トランス状態になって意識を失い、霊が一方的にしゃべる現象）とは異なる。外国人霊や宇宙人等の霊言の場合には、霊言現象を行う者の言語中枢《ちゅうすう》から、必要な言葉を選び出し、日本語で語ることも可能である。

また、人間の魂《たましい》は原則として六人のグループからなり、あの世に残っている「魂のきょうだい」の一人が守護霊《しゅごれい》を務めている。つまり、守護霊は、実は自分自身の魂の一部である。したがって、「守護霊の霊言」とは、いわば本人の潜在《せんざい》意識にアクセスしたものであり、その内容は、その人が潜在意識で考えていること（本心）と考えてよい。

なお、「霊言」は、あくまでも霊人《れいじん》の意見であり、幸福の科学グループとしての見解と矛盾《むじゅん》する内容を含《ふく》む場合がある点、付記しておきたい。

# 第3章　文在寅《ムンジェイン》大統領守護霊《しゅごれい》、ヤイドロンの霊言《れいげん》

二〇二〇年二月五日　収録

幸福の科学　特別説法堂《せっぽうどう》にて

文在寅《ムンジェイン》（一九五三〜）

大韓民国《だいかんみんこく》の大統領。慶熙《キョンヒ》大学校卒。在学中に朴正熙《パクチョンヒ》政権に対する民主化運動で投獄《とうごく》される。一九八〇年、司法試験に合格し弁護士になると、八二年に、後《のち》の大統領・盧武鉉《ノムヒョン》氏と法律事務所を開業。盧政権発足《ほっそく》後は大統領秘書室長等を歴任する。その後、「共に民主党」代表等を経《へ》て、二〇一七年五月、第十九代大統領に就任。

ヤイドロン

マゼラン銀河・エルダー星の宇宙人。地球霊界《れいかい》における高次元霊的な力を持っており、「正義の神」に相当する。現在、地上に大川隆法として下生《げしょう》している地球神エル・カンターレの外護《げご》的役割を担《にな》う。地球上で起こる文明の興亡や戦争、大災害等にもかかわっている。

質問者

神武《じんむ》桜子《さくらこ》（幸福の科学常務理事 兼《けん》 宗務《しゅうむ》本部第一秘書局長）

大川紫央《おおかわしお》（幸福の科学総裁補佐《ほさ》）

［質問順。役職は収録時点のもの］

## 1　突然《とつぜん》やって来た文在寅大統領《ムンジェイン》守護霊《しゅごれい》

「もうすぐ、みんな死ぬ」と脅《おど》しをかけてくる

（編集注。背景に、大川隆法総裁の原曲、エンゼル精舎応援歌《しょうじゃおうえんか》「自助論で行こうよ」がかかっている）

文在寅守護霊　はああ……。はああ……。はあーっ（荒《あら》い呼吸を繰《く》り返している）。

神武　こんにちは。

文在寅守護霊　はああ……。

神武　誰《だれ》が来ているんですか。

文在寅守護霊　はああ……。（約五秒間の沈黙《ちんもく》）はあ……。はあーっ。（約五秒間の沈黙）はあ……。

大川紫央　自助論が好きな人ですか？　それとも、嫌《きら》いな人ですか？

文在寅守護霊　（約十秒間の沈黙）はああーっ。

大川紫央　あなたは苦しいんですか？　……日本人ですか？

神武　日本は好きですか？　……人間ですか？

文在寅守護霊　（約五秒間の沈黙）はあっ。……はあ。

大川紫央　「自助論で行こうよ」は、自己中とはまったく正反対な歌です。

文在寅守護霊　はあっ。はあっ。

大川紫央　これを聴《き》き続けますか？

文在寅守護霊　はあっ。はあ。（約五秒間の沈黙）はああ……。（約十秒間の沈黙）

はああ……。

もう……。もうすぐ……。もうすぐ。

大川紫央　うん？

文在寅守護霊　もうすぐ……。

大川紫央　何ですか。

文在寅守護霊　もうすぐ……。

神武　もうすぐ？

文在寅守護霊　死ぬんだ。

大川紫央　誰がですか。

文在寅守護霊　みんな。

神武　みんな？

文在寅守護霊　おまえたちは死ぬ。

神武　あなたは何人《なにじん》ですか。

文在寅守護霊　うーん？

大川紫央　朝鮮《ちょうせん》ですか。

神武　フロム朝鮮？

文在寅守護霊　神の土地に住んでいる。

大川紫央　「神の土地」というのは、どこにあるんですか。

文在寅守護霊　うん？　海の向こうだ。

大川紫央　中国？　ああ、コロナウィルスにやられている？　習近平《しゅうきんぺい》氏の守護霊《しゅごれい》ですか？

神武　えっ？　習近平氏？

大川紫央　習近平氏ではないですか？　コロナウィルスにやられている？

神武　困っている？

大川紫央　菌《きん》を払《はら》えない？

神武　習近平氏？　習近平《シージンピン》？

文在寅守護霊　（怒《おこ》った様子で）文在寅だ！

次々と出てくる日本への恨《うら》みや怒《いか》りの言葉

大川紫央　なぜ、文在寅さんが来るのですか。

文在寅守護霊　映画を観《み》ただろうが。

大川紫央　あっ、韓国《かんこく》の？（編集注。後述のように、本収録の前に「風水師 王の運命を決めた男」という韓国映画を観ていた）

文在寅守護霊　うん。この傑作《けっさく》が分からないおまえらは死ね！

大川紫央　せっかく大統領なんですから、もっと早く名乗っていただいてもよかったのではないでしょうか。

文在寅守護霊　「王家の王様だ」って言ってるじゃないか。

神武　あっ、この映画に関係している人？

大川紫央　同通したということ？

文在寅守護霊　うん。まあ、日本に取られたのを取り返そうとしてんじゃないか！　チェッ（舌打ち）。

大川紫央　今、韓国はそんなに困っていますか？

文在寅守護霊　おまえはアホか！　チェッ、チッ（舌打ち）。

大川紫央　どうしたんですか。今、何がそんなに苦しいんですか。

文在寅守護霊　ええ？

大川紫央　何か苦しいことはありましたか。

文在寅守護霊　苦しいだろうがあ。

大川紫央　コロナウィルスは、まだそれほど韓国には広がっていないですよね。

文在寅守護霊　何言ってんだ。だから、二代、王様は続かないといかんのだよ。

大川紫央　三代目で潰《つぶ》れるそうです。

文在寅守護霊　また新しい土地を探せばいいんだよ。うん。

大川紫央　そんなに国土が広くないから、無理ですよ。

文在寅守護霊　うーん。

大川紫央　あの映画を観たから来ただけですか？

文在寅守護霊　白頭山《はくとうさん》から生まれて三代も続いとる……。うん、うん。

大川紫央　北朝鮮に行きたいのですか？

文在寅守護霊　それは祖国だ。

大川紫央　朝鮮を統一したい？

文在寅守護霊　それはそうだろうが。

大川紫央　でも、検察も、あなたに近い人を逮捕《たいほ》したり起訴《きそ》したりしていますよね。あなたは政権を続けられるんでしょうか。

文在寅守護霊　（約五秒間の沈黙）うん。安倍《あべ》のほうが先に逮捕される。

大川紫央　では、結局、あなたも逮捕されるんですか？

文在寅守護霊　わしは盤石《ばんじゃく》じゃが、安倍はもうすぐ逮捕される。

大川紫央　なぜ、そんなに苦しいんですか。

文在寅守護霊　東京オリンピックは潰れるんだ……。
「因果応報《いんがおうほう》」「自己責任」を理解しようとしない
大川紫央　「風水師　王の運命を決めた男」という映画を観ていたんですけれども、基本的に全部、土地と環境《かんきょう》と先祖のせいになっていましたよ。
文在寅守護霊　そのとおりや。
大川紫央　それは、どうなのでしょうか。
文在寅守護霊　あの土地がいかんのよ。中国と日本とロシアにいじめられまくっとる。

神武　「自助論で行こうよ」の歌を聴いて、どんな気持ちになりましたか。

文在寅守護霊　知ったことか。

大川紫央　「基本的に自助の教えがない」ということですか？　「因果応報《いんがおうほう》」は分かりますか？

文在寅守護霊　ほかの国に言え。

神武　何かほかに言いたいことはありますか。

大川紫央　なければ、特に、もういいかなと思うのですが。

文在寅守護霊　うん。西郷隆盛《さいごうたかもり》って、いちばん嫌いなんだ、俺《おれ》、言っとくけど。知ってるから。

大川紫央　なぜですか。

文在寅守護霊　「征韓論《せいかんろん》」を説いたの、誰だ？

大川紫央　ああ……。

文在寅守護霊　チェッ（舌打ち）。もう本当に墓《はか》……。本当にねえ、もう死骸《しがい》を暴《あば》かなきゃいけないんで。（西郷隆盛の）首がない、首が。チェッ（舌打ち）。

神武　では、もういいですか？

文在寅守護霊　風水的には、鹿児島《かごしま》っていうのは、もうねえ、これは凶地《きょうち》なんだ、本当にな。

神武　いえ、風水とかではなくて、地政学的に、韓国は日本にとって要衝《ようしょう》なんです。

文在寅守護霊　だからもう、明治維新《いしん》の時代から狙《ねら》われて困ってるんだからなあ……。

大川紫央　今、こちらから話したいことは特にないです。

文在寅守護霊　何を言っとる。おまえらがやってる悪さについて反省しろよ。試験

●試験なんか……　この日（2020年２月５日）の朝、幸福の科学の出家者《しゅっけしゃ》を対象とした教学検定試験が行われていた。

なんかやっとる場合か！　反省行《ぎょう》をやれ、反省行を。

大川紫央　文在寅さんはそうやって、「全部、他人《ひと》が悪い」というように持っていきますからね。

文在寅守護霊　そうじゃないか。だから、「この土地に生まれた呪《のろ》い」というのを、われらが背負いながら生きとるんだから。

大川紫央　大統領に対して日本のネットの記事では、「盧武鉉《ノムヒョン》の生き写しに見える」と。そして、すなわちそれは、「文在寅の末路が目に浮《う》かぶ」と、元在韓ジャーナリストの方によって書かれていましたよ。

文在寅守護霊　そこはもう、〝電撃一閃《でんげきいっせん》〟じゃ。

大川紫央　電撃一閃は知っているんですね。

文在寅守護霊　燃やすんじゃ。

大川紫央　なぜ、電撃一閃を知っているんですか。されたことはありましたっけ。

文在寅守護霊　だって、電撃一閃って、いっぱい、このへん、言葉が飛び交《か》っとる。おまえらは中国に悪いことをしとるやろうが。

大川紫央　していません。

文在寅守護霊　しとるくせに。

大川紫央　いやいや、それは中国自体が招いた「因果応報」なんですよ。

文在寅守護霊　罰《ばち》として、おまえはコロナウィルスにかかって死ぬことになるんだよ。

大川紫央　お昼の時間だけ急に咳《せき》が出ました。あれは、あなたの呪い？

文在寅守護霊　だから、おまえはなあ、人生最後の望みを叶《かな》えてやるから、遊覧船に乗って日本から出ていけ。

大川紫央　何？　私の最後の望みを叶えてくれるんですか？

文在寅守護霊　うん。そしたら、みんな、おまえのコロナウィルスにかかって死ぬから。

大川紫央　では、韓国に幸福の科学の教えが広がりますように。

文在寅守護霊　それは駄目《だめ》。今、〝絶滅中《ぜつめつ》〟やから。

大川紫央　「因果応報」。「自己責任」。

文在寅守護霊　今、〝消毒〟してるんで。そういう悪い教えを入れないの。

神武　では、もうお帰りください。こちらは用はないので。

文在寅守護霊　おまえは自分の首を探してから言え。

神武　いいんです。肉体は土に還《かえ》りますから。

●おまえは自分の首を……　以前の霊査《れいさ》で、質問者の神武桜子の過去世《かこぜ》の一つは西郷隆盛であると推定されている。

## 2　ヤイドロンが予測する「アジアと世界の近未来」

### ヤイドロンによる電撃一閃《でんげきいっせん》

大川紫央　では、電撃一閃《でんげきいっせん》をしてあげます。電撃一閃をしてほしいんでしょう？　体験してみたいんでしょう？

文在寅守護霊　おまえねえ、女に変身してみたくねえのか。

大川紫央　では、ヤイドロンさんを呼びますか。

文在寅守護霊　そんなものは知らん！

大川紫央　ヤイドロンさーん。

神武　異次元攻撃《こうげき》です。

大川紫央　ヤイドロンさーん。

神武　ヤイドロンさん、電撃一閃をお願いいたします。

（約十五秒間の沈黙《ちんもく》）

ヤイドロン　はあ……（息を吐《は》く）。ヤイドロンです。

大川紫央　かっこいい……。

神武　ありがとうございます。

　失速確実の中国経済、孤立《こりつ》する韓国《かんこく》

ヤイドロン　今、韓国《かんこく》は困っているんで。

大川紫央　どうしてですか。

ヤイドロン　中国が今、もう全面閉鎖《へいさ》をやって、中国経済はもう、失速確実。

大川紫央　ああ……！

ヤイドロン　習近平《しゅうきんぺい》は立場がもう危なくなってきている。だから、〝天秤《てんびん》政策〟がもう通じなくなってきつつある。韓国は孤立《こりつ》する、まもなくな。

大川紫央　中国を後ろ盾《だて》に、今までやっていたから……。

ヤイドロン　もう、中国とな、北朝鮮《きたちょうせん》の経済封鎖《ふうさ》を解いてね、何とか一緒《いっしょ》になろうとしておったから。

大川紫央　なるほど。

ヤイドロン　中国があんなかたちで、今、封印されると思っていなかったので、困っとるのさ。経済は絶対に韓国も悪くなるし、日本とは喧嘩《けんか》しているから、援助《えんじょ》を頼《たの》めないし。

大川紫央　ああ、そうか。なるほど。

ヤイドロン　ええ。だから、韓国はこのままだと自滅《じめつ》するんで。日本よりも先に潰《つぶ》れるから、あちらのほうが。中国不況《ふきょう》が起きても、韓国のほうが先に潰れるから。

大川紫央　「日本より先に」ということですか。

ヤイドロン　で、アメリカは今の文在寅が大嫌《だいきら》いだから、救援する気はない。

大川紫央　まあ、でも、韓国も変わらないといけないと思いますから、しかたがないですね。

ヤイドロン　今ね、中国を包囲していると同時に、文在寅を潰す気でいるから。

大川紫央　アメリカが。

ヤイドロン　うん。文在寅政権を潰すつもりでいるんで。潰して、北が消え……。やっぱり、「北の応援はさせない」というのは、まあ、それは一つの方策なんで。イランだけやっていると思ったら間違《まちが》いで、ちゃんとやっています。

神武　なるほど。

ヤイドロン　ええ。ちゃんと、北を応援する勢力は、やっぱり切り取らなければいけないと思っているので。

## 安倍《あべ》政権を取り巻く状況《じょうきょう》も厳しいものがある

ヤイドロン　安倍《あべ》さんも今ね、末期が近づいているんです。間違いなく来ているんですけど。

まあ、アメリカのほうで、次の政権担当者を、今、調整中なんです。「誰《だれ》にさせたら、うまくいくか」というのを、今、考えているところ。その決断が下りるまでが、安倍の寿命《じゅみょう》だ。

アメリカのほうは、もうまもなく、民主党は大敗北が決まるから。もう混戦して、大統領候補さえ決まらないぐらいのレベルなので。誰がやっても勝てないのは、もう分かっているから。

ということで、トランプさんは急速に力を回復します。急速に力を回復して、イランだけではなくて、いよいよ北朝鮮・中国攻《ぜ》めが始まりますから。春から先に、ググーッと締《し》まってきます。

大川紫央　●トランプさんはヤハウェではないですよね？

ヤイドロン　まあ、「〝あの小さな国〟の全智全能《ぜんちぜんのう》の神以上の力を持っている」とおっしゃっておるのでしょうよ。

大川紫央　なるほど。

ヤイドロン　まあ、それはそうでしょうけどね。

大川紫央　アメリカの大統領となると、そうですよね。

ヤイドロン　国一つぐらい潰すのはわけがないんだから、ヤハウェ並みの力を持っ

●トランプさんはヤハウェでは……　『アメリカとイラン　和解への道―ソレイマニ司令官、トランプ大統領・ロウハニ大統領守護霊の霊言―』（幸福の科学出版刊）参照。

ているでしょうよ、間違いなく。全世界とも、国連とでも戦えるんだから、アメリカは。

だから、北朝鮮……。あなたがたは、中国のウィルスだけを考えているけど、今、弱いところから潰れていくんですよ。

大川紫央　こういうときにですか。

ヤイドロン　うん。だから今、韓国が潰れようとしている。韓国の北朝鮮への経済支援も潰れ、中国による北朝鮮や韓国への経済支援も潰れようとしている。もう、あっという早業《はやわざ》で、すべてが、水門が閉まろうとしているんですよ。

大川紫央　分かりました。

ヤイドロン　文在寅も検察と戦っていますけど、あれも、もうすぐ崩壊《ほうかい》して、政権崩壊寸前ですが。日本の検察と、安倍政権がもつかどうかと、競争中ですけどね、今ね。

日本も、習近平の晴れ舞台《ぶたい》を一つの機縁《きえん》として、このへんの権力構造が、今、変わろうとしているところです。「桜の花は見せないぞ」という運動ですね。

大川紫央　分かりました。ありがとうございます。

## ゴールデン・エイジは〝グレートウォール崩壊《ほうかい》〟の年

ヤイドロン　いやあ、意外に弱っているんですよ。で、韓国の国民のほうが、「日本と喧嘩したから、今、こんなに苦しくなったんだ」と言い始めているんですよ。

だから、北朝鮮なんか駄目《だめ》だし、もう本当に、中国も全然頼《たよ》りにならないので。

「やっぱり、日本と仲良くならなければ、生き延びられないのではないか」という声が高まっているし。台湾《たいわん》とか香港《ホンコン》も、日本のほうに視線は向いているので、「ルック・イースト」、また始まろうとしているんですよ。

中国のもろさがねえ、いろんなかたちで出てきます。医療《いりょう》体制さえないし、情報はもう統制するだけであって、いい情報を伝えるというか、「人を助けるための情報さえない」という。後手後手《ごてごて》で。そして今、北京《ペキン》に来ないように、一生懸命《いっしょうけんめい》、防《ぼう》波堤《はてい》をつくっているような状況《じょうきょう》なんで。まもなく、あそこも終わりますけど。

だから、「今年の、ゴールデン・エイジをなめるんじゃない」という。ゴールデン・エイジは、〝グレートウォール（万里《ばんり》の長城《ちょうじょう》）が崩壊《ほうかい》〟していく年なんですよ。

まあ、オリンピックがどうなるかなんて、私の知ったことではないので、気にもしていませんけどね、ええ。

**大川紫央**　地上の私たちが、もっと頑張《がんば》らなければいけないですね。

ヤイドロン　今のその、コロナウィルスか？　それが本当にもっと広がったら、オリンピックどころではなくなるでしょう。世界中に広がるからね。日本で集まって、集結されたら、選手村から全部。それから、大勢の人が集まるところ全部でしょ。室内球場から、いろんなところ。人が集まるのはまずいんですから。

だから、これ今、もう本当に、政権にすごい圧迫《あっぱく》が来ていますよ。文在寅だけではなくて、習近平と、そして、コロナウィルスの旋風《せんぷう》がどこまで来るか。SARS《サーズ》は、もう超《こ》えたんですよね。これが、「何が理由か」ということは、薄々《うすうす》と今、伝わりつつあるところです。「いやあ、こういう手があるとは知らなかった」というところでしょうね。

## 韓国《かんこく》では、おそらく政権転覆《てんぷく》が起きる

ヤイドロン　「文在寅が今、悲鳴を上げてきた」ということを知るべきです。韓国《かんこく》

には未来がないんです、もう。北朝鮮もないけどね。北朝鮮も長距離《ちょうきょり》ミサイルを撃《う》ちたかったのに、ウィルス騒動《そうどう》で、それどころでなくなって。今、そんなことすると気違いだと思われてしまうから、できなくなってきている。

まあ、大きく変わりますよ。香港独立に向けて、あっちも動いています。

大川紫央　なるほど。

ヤイドロン　台湾も、もちろん、「中国じゃない」と言い張っています。面白《おもしろ》いことが起きるかもしれませんね。

大川紫央　分かりました。

ヤイドロン　まあ、韓国はおそらく、政変、政権転覆《てんぷく》が起きると思います。

検察だけでなくて民衆から、「やっぱり、嫌日《けんにち》・反日だけで正当性を立てるというのは間違いだ」という世論《せろん》がガーッと上がってきますよ。「間違った独裁、ファシズム」「悪の北朝鮮と組んで、反日で国を建てようとした男」「裏切り者」、そういうことになると思います。

「エル・カンターレをなめるな」ということ

ヤイドロン　まあ、今年はそういうことで、オリンピックどころではないかもね、もしかすると。

でも、結果は、そのほうがいいことになることが多いと思いますよ。

大川紫央　ありがとうございました。

ヤイドロン　まあ、私たちも「言いたいこと」は溜《た》まっているけど、みんな「言わない」のが大変です。

大川紫央　やはり、言わずにやらなければならないところもあるかとは思います。

ヤイドロン　はい。言わずにやらねばならんこともありますので。

大川紫央　ただ、もう本当に、申し訳なく思っています。

ヤイドロン　「エル・カンターレをなめるな」という。

大川紫央　そうですね。

ヤイドロン　うん。外国もなめているし、国内もなめているから。「なめるなよ」

ということだね。

大川紫央　ありがとうございました。

ヤイドロン　はい。

神武　ありがとうございます。

大川隆法　（手を二回叩《たた》く）

# あとがき

死後の世界、霊《れい》の存在も信じられないのに、「宇宙からのメッセージ」なんてありえネエー、というのが大多数の日本人や中国人の感想かもしれない。

私は本書にて、意志をもって地上に関与してくる存在があることを明らかにした。そして、ヒドン・ネームとして「R・A・ゴール」と名のる宇宙的生命体の警告をお伝えした。

特に考え方を強要するつもりはない。ただ、私自身の今までの実績として、大規模な震災《しんさい》、災《わざわ》いの理由を解明できない、ということはなかろう、と思っている。

中世の陰陽師《おんみょうじ》でも、古代の預言者でも、何らかの天意は読み解いただろう。今はそれが必要とされる時代だ。地上に住んでいる人間だけが、全てを決められるわけではないのだ。

二〇二〇年　二月十一日

幸福《こうふく》の科学《かがく》グループ創始者兼総裁《そうししゃけんそうさい》　大川隆法《おおかわりゅうほう》

『中国発・新型コロナウィルス感染 霊査』関連書籍

『太陽の法』（大川隆法 著　幸福の科学出版刊）
『信仰の法』（同右）
『鋼鉄の法』（同右）
『新しき繁栄の時代へ』（同右）
『いま求められる世界正義』（同右）
『エドガー・ケイシーの未来リーディング
　――同時収録　ジーン・ディクソンの霊言――』（同右）
『天照大神のお怒りについて』（同右）
『最大幸福社会の実現――天照大神の緊急神示――』（同右）
『メタトロンの霊言』（同右）
『地球を守る「宇宙連合」とは何か』（同右）

『「UFOリーディング」写真集』（同右）
『アメリカとイラン　和解への道――ソレイマニ司令官、
トランプ大統領・ロウハニ大統領守護霊の霊言――』（同右）

中国発《ちゅうごくはつ》・新型《しんがた》コロナウィルス感染《かんせん》 霊査《れいさ》

2020年2月12日　初版第1刷
2020年3月3日　　　第4刷

著　者　　大《おお》川《かわ》隆《りゅう》法《ほう》

発行所　　幸福の科学出版株式会社

〒107-0052 東京都港区赤坂2丁目10番8号
TEL(03)5573-7700
https://www.irhpress.co.jp/

印刷・製本　株式会社 研文社

落丁・乱丁本はおとりかえいたします

ISBN978-4-8233-0153-7 C0014
カバー，帯 提供：China CDC/ 新華社／アフロ／
写真：ロイター／アフロ／ Sipa USA/ 時事通信フォト
カバー，大扉 AB Visual Arts/Shutterstock.com
装丁・イラスト・写真（上記・パブリックドメインを除く）© 幸福の科学

## 大川隆法ベストセラーズ・中国の覇権主義への警鐘

### 愛は憎しみを超えて

**中国を民主化させる日本と台湾の使命**

中国に台湾の民主主義を広げよ──。この「中台問題」の正論が、第三次世界大戦の勃発をくい止める。台湾と名古屋での講演を収録した著者渾身の一冊。

1,500 円

### 自由のために、戦うべきは今

**習近平 vs. アグネス・チョウ**
**守護霊霊言**

今、民主化デモを超えた「香港革命」が起きている。アグネス・チョウ氏と習近平氏の守護霊霊言から、「神の正義」を読む。天草四郎の霊言等も同時収録。

1,400 円

### 習近平守護霊
### ウイグル弾圧を語る

ウイグル"強制収容所"の実態、チャイナ・マネーによる世界支配戦略、宇宙進出の野望──。暴走する独裁国家の狙いを読み、人権と信仰を護るための道を示す。

1,400 円

### 毛沢東の霊言

**中国覇権主義、暗黒の原点を探る**

言論統制、覇権拡大、人民虐殺──、中国共産主義の根幹に隠された恐るべき真実とは。中国建国の父・毛沢東の虚像を打ち砕く必読の一書。

1,400 円

※表示価格は本体価格(税別)です。

## 大川隆法霊言シリーズ・天変地異の霊的真相を探る

# 台風19号リーディング

### 天災に顕れる神意を探る

未曾有の被害をもたらした台風19号。その霊的背景とは？ 失政を隠す政府や皇室の未来、環境問題など、令和の時代を憂う日本の神々の思いが明かされる。

1,400円

---

# 熊本震度7の神意と警告

### 天変地異リーディング

熊本地震に込められた神々の意図とは？ 政治家、マスコミ、そしてすべての日本人に対して、根本的な意識改革を迫る緊急メッセージ。

1,400円

---

# 広島大水害と御嶽山噴火に天意はあるか

続けて起きた2つの自然災害には、どのような霊的背景があったのか？ 原爆投下や竹島問題、歴史認識問題等とつながる衝撃の真相が明らかに！

1,400円

---

# フィリピン巨大台風の霊的真相を探る

### 天変地異に込められた「海神」からのシグナル

フィリピンを襲った巨大台風「ハイエン」。その霊的真相を探るなかで、次々と明らかになる衝撃の内容！ そして、日本が果たすべき使命とは。

1,400円

---

幸福の科学出版

## 大川隆法ベストセラーズ・地球に臨む宇宙パワー

### メタトロンの霊言

**危機にある地球人類への警告**

中国と北朝鮮の崩壊、中東で起きる最終戦争、裏宇宙からの侵略──。キリストの魂と強いつながりを持つ最上級天使メタトロンが語る、衝撃の近未来。

1,400円

---

### イエス　ヤイドロン　トス神の霊言

**神々の考える現代的正義**

香港デモに正義はあるのか。LGBTの問題点とは。地球温暖化は人類の危機なのか。中東問題の解決に向けて。神々の語る「正義」と「未来」が人類に示される。

1,400円

---

### 「UFOリーディング」写真集

**謎の発光体の正体に迫る**

2018年夏、著者の前に現れた60種類を超えるUFO。写真はもちろん、彼らの飛来の目的や姿等の詳細なリーディングが詰まった、衝撃の一書。

1,500円

---

### UFOリーディングⅠ・Ⅱ

なぜ、これほどまでに多種多様な宇宙人が、日本に現れているのか？ 著者が目撃し、撮影した数々のUFOをリーディングした、シリーズⅠ・Ⅱ！

各1,400円

※表示価格は本体価格（税別）です。

2020
モナコ国際映画祭
公式選出作品
心の闇を、打ち破る。
心霊喫茶
「エクストラ」の秘密
—THE REAL EXORCIST—
製作総指揮・原作／大川隆法
千眼美子
伊良子未來 希島凛 日向丈 長谷川奈央 大浦龍宇一 芦川よしみ 折井あゆみ
監督／小田正鏡 脚本／大川咲也加 音楽／水澤有一 製作／幸福の科学出版 製作協力／ARI Production ニュースター・プロダクション
制作プロダクション／ジャンゴフィルム 配給／日活 配給協力／東京テアトル ©2020 IRH Press cafe-extra.jp
2020年5月15日(金) ロードショー

# 幸福の科学グループのご案内

**宗教、教育、政治、出版などの活動を通じて、地球的ユートピアの実現を目指しています。**

## 幸福の科学

一九八六年に立宗。信仰の対象は、地球系霊団の最高大霊、主エル・カンターレ。世界百カ国以上の国々に信者を持ち、全人類救済という尊い使命のもと、信者は、「愛」と「悟り」と「ユートピア建設」の教えの実践、伝道に励んでいます。

（二〇二〇年二月現在）

## 愛

幸福の科学の「愛」とは、与える愛です。これは、仏教の慈悲《じひ》や布施《ふせ》の精神と同じことです。信者は、仏法真理をお伝えすることを通して、多くの方に幸福な人生を送っていただくための活動に励んでいます。

## 悟り

「悟り」とは、自らが仏の子であることを知るということです。教学《きょうがく》や精神統一によって心を磨き、智慧《ちえ》を得て悩みを解決すると共に、天使・菩薩《ぼさつ》の境地を目指し、より多くの人を救える力を身につけていきます。

## ユートピア建設

私たち人間は、地上に理想世界を建設するという尊い使命を持って生まれてきています。社会の悪を押しとどめ、善を推し進めるために、信者はさまざまな活動に積極的に参加しています。

国内外の世界で貧困や災害、心の病で苦しんでいる人々に対しては、現地メンバーや支援団体と連携して、物心両面にわたり、あらゆる手段で手を差し伸べています。

年間約２万人の自殺者を減らすため、全国各地で街頭キャンペーンを展開しています。

公式サイト **www.withyou-hs.net**

ヘレン・ケラーを理想として活動する、ハンディキャップを持つ方とボランティアの会です。視聴覚障害者、肢体不自由な方々に仏法真理を学んでいただくための、さまざまなサポートをしています。

公式サイト **www.helen-hs.net**

## 入会のご案内

幸福の科学では、大川隆法総裁が説く仏法真理《ぶっぽうしんり》をもとに、「どうすれば幸福になれるのか、また、他の人を幸福にできるのか」を学び、実践しています。

**入会**

### 仏法真理を学んでみたい方へ

大川隆法総裁の教えを信じ、学ぼうとする方なら、どなたでも入会できます。入会された方には、『入会版「正心法語《しょうしんほうご》」』が授与されます。

ネット入会 入会ご希望の方はネットからも入会できます。

**happy-science.jp/joinus**

**三帰《さんき》誓願《せいがん》**

### 信仰をさらに深めたい方へ

仏弟子としてさらに信仰を深めたい方は、仏《ぶっ》・法《ぽう》・僧《そう》の三宝《さんぽう》への帰依を誓う「三帰誓願式」を受けることができます。三帰誓願者には、『仏説・正心法語』『祈願文《きがんもん》①』『祈願文②』『エル・カンターレへの祈り』が授与されます。

幸福の科学 サービスセンター
TEL 03-5793-1727
受付時間／
火～金：10～20時
土・日祝：10～18時
（月曜を除く）

幸福の科学 公式サイト
happy-science.jp

# ハッピー・サイエンス・ユニバーシティ

Happy Science University

### ハッピー・サイエンス・ユニバーシティとは

ハッピー・サイエンス・ユニバーシティ（HSU）は、大川隆法総裁が設立された「現代の松下村塾」であり、「日本発の本格私学」です。
建学の精神として「幸福の探究と新文明の創造」を掲げ、
チャレンジ精神にあふれ、新時代を切り拓く人材の輩出を目指します。

人間幸福学部　経営成功学部　未来産業学部

**HSU長生キャンパス** TEL **0475-32-7770**
〒299-4325　千葉県長生郡長生村一松丙 4427-1

未来創造学部

**HSU未来創造・東京キャンパス**
TEL **03-3699-7707**
〒136-0076　東京都江東区南砂2-6-5

公式サイト **happy-science.university**

# 学校法人 幸福の科学学園

学校法人 幸福の科学学園は、幸福の科学の教育理念のもとにつくられた教育機関です。人間にとって最も大切な宗教教育の導入を通じて精神性を高めながら、ユートピア建設に貢献する人材輩出を目指しています。

**幸福の科学学園**

**中学校・高等学校（那須本校）**
2010年4月開校・栃木県那須郡（男女共学・全寮制）
TEL **0287-75-7777** 公式サイト **happy-science.ac.jp**

**関西中学校・高等学校（関西校）**
2013年4月開校・滋賀県大津市（男女共学・寮及び通学）
TEL **077-573-7774** 公式サイト **kansai.happy-science.ac.jp**

## 仏法真理塾「サクセスNo.1」

全国に本校・拠点・支部校を展開する、幸福の科学による信仰教育の機関です。小学生・中学生・高校生を対象に、信仰教育・徳育にウエイトを置きつつ、将来、社会人として活躍するための学力養成にも力を注いでいます。

TEL 03-5750-0751（東京本校）

**エンゼルプランV** TEL 03-5750-0757

幼少時からの心の教育を大切にして、信仰をベースにした幼児教育を行っています。

**不登校児支援スクール「ネバー・マインド」** TEL 03-5750-1741

心の面からのアプローチを重視して、不登校の子供たちを支援しています。

**ユー・アー・エンゼル！（あなたは天使！）運動**

一般社団法人 ユー・アー・エンゼル TEL 03-6426-7797

障害児の不安や悩みに取り組み、ご両親を励まし、勇気づける、
障害児支援のボランティア運動を展開しています。

**NPO活動支援**

いじめから子供を守ろうネットワーク

学校からのいじめ追放を目指し、さまざまな社会提言をしています。また、各地でのシンポジウムや学校への啓発ポスター掲示等に取り組む一般財団法人「いじめから子供を守ろうネットワーク」を支援しています。

公式サイト mamoro.org　ブログ blog.mamoro.org

相談窓口 TEL.03-5544-8989

---

## 百歳まで生きる会

「百歳まで生きる会」は、生涯現役人生を掲げ、友達づくり、生きがいづくりをめざしている幸福の科学のシニア信者の集まりです。

## シニア・プラン21

生涯反省で人生を再生・新生し、希望に満ちた生涯現役人生を生きる仏法真理道場です。定期的に開催される研修には、年齢を問わず、多くの方が参加しています。全世界212カ所（国内197カ所、海外15カ所）で開校中。

【東京校】TEL 03-6384-0778 FAX 03-6384-0779
メール senior-plan@kofuku-no-kagaku.or.jp

# 幸福実現党

内憂外患《ないゆうがいかん》の国難に立ち向かうべく、2009年5月に幸福実現党を立党しました。創立者である大川隆法党総裁の精神的指導のもと、宗教だけでは解決できない問題に取り組み、幸福を具体化するための力になっています。

幸福実現党 釈量子サイト **shaku-ryoko.net**

Twitter **釈量子@shakuryoko**で検索

党の機関紙
「幸福実現NEWS」

## 幸福実現党 党員募集中

**あなたも幸福を実現する政治に参画しませんか。**

○幸福実現党の理念と綱領、政策に賛同する18歳以上の方なら、どなたでも参加いただけます。

○党費：正党員（年額5千円［学生 年額2千円］）、特別党員（年額10万円以上）、家族党員（年額2千円）

○党員資格は党費を入金された日から1年間です。

○正党員、特別党員の皆様には機関紙「幸福実現NEWS（党員版）」（不定期発行）が送付されます。

＊申込書は、下記、幸福実現党公式サイトでダウンロードできます。

住所：〒107-0052　東京都港区赤坂2-10-8 6階 幸福実現党本部

TEL **03-6441-0754**　FAX **03-6441-0764**

公式サイト **hr-party.jp**

# 幸福の科学出版

大川隆法総裁の仏法真理の書を中心に、ビジネス、自己啓発、小説など、さまざまなジャンルの書籍・雑誌を出版しています。他にも、映画事業、文学・学術発展のための振興事業、テレビ・ラジオ番組の提供など、幸福の科学文化を広げる事業を行っています。

アー・ユー・ハッピー?
**are-you-happy.com**

ザ・リバティ
**the-liberty.com**

幸福の科学出版
TEL **03-5573-7700**
公式サイト **irhpress.co.jp**

THE FACT

**ザ・ファクト**
マスコミが報道しない「事実」を世界に伝えるネット・オピニオン番組

ザ・ファクト 検索

NEW STAR PRODUCTION

# ニュースター・プロダクション

「新時代の美」を創造する芸能プロダクションです。多くの方々に良き感化を与えられるような魅力あふれるタレントを世に送り出すべく、日々、活動しています。 公式サイト **newstarpro.co.jp**

ARI Production

# ARI《アリ》 Production《プロダクション》

タレント一人ひとりの個性や魅力を引き出し、「新時代を創造するエンターテインメント」をコンセプトに、世の中に精神的価値のある作品を提供していく芸能プロダクションです。 公式サイト **aripro.co.jp**

## 大川隆法　講演会のご案内

大川隆法総裁の講演会が全国各地で開催されています。講演のなかでは、毎回、「世界教師」としての立場から、幸福な人生を生きるための心の教えをはじめ、世界各地で起きている宗教対立、紛争、国際政治や経済といった時事問題に対する指針など、日本と世界がさらなる繁栄の未来を実現するための道筋が示されています。

2019年12月17日 さいたまスーパーアリーナ「新しき繁栄の時代へ」

2019年10月6日 ザ ウェスティン ハーバーキャッスル トロント(カナダ)「The Reason We Are Here」

2019年7月5日 福岡国際センター「人生に自信を持て」

2019年3月3日 グランド ハイアット 台北(台湾)「愛は憎しみを超えて」

2019年7月13日 ホテル イースト21東京「幸福への論点」

講演会には、どなたでもご参加いただけます。最新の講演会の開催情報はこちらへ。⟹ 大川隆法総裁公式サイト https://ryuho-okawa.org